# APRESTO PARA LAS DESTREZAS DE ESPAÑOL

(Con evaluaciones para cada destreza)

Preparado por: Nilsa Ortega

LIBROS PARA EL NUEVO MILENIO

**Colección YAMILI**

Libros Preescolares

**OTROS LIBROS DE LA MISMA AUTORA:**

1. Antes de Contar
2. Antes de Escribir
3. Antes de Leer
4. Apresto para las destrezas de español
5. Camino Espiritual
6. Coloreo y Aprendo
7. Destrezas de escritura para el desarrollo de los músculos de las manos
8. Los Sonidos del ABC
9. Matemáticas preescolar 0-10
10. Mi Método de Lectura
11. Mi mundo, mi país, mi comunidad y yo (Estudios Sociales)
12. Mi primer gran libro
13. Mi primer libro de ciencia
14. Mi Primera Cartilla
15. My First English Words I
16. My First English Words II
17. Poemas para colorear
18. ¡Qué Grande Estoy!
19. Rimas y versitos (Libro 1)
20. Rimas y versitos (Libro 2)
21. Rimas y versitos (Libro 3)
22. ¿Qué seré? ¿Seré...? (Oficios)
22. ¿Qué seré? ¿Seré...? (Profesiones)

Ilustraciones: Ivelisse Figueroa y Diana Ramírez
Diseño de portada: Arnaldo Alicea
Producción General:

LIBROS PARA EL NUEVO MILENIO


ISBN 1-881729-013
Library of Congress Catalog Card Number TXu 131-152
COLECCION YAMILI Tel. (787) 763-1562

Impreso en Puerto Rico

# INTRODUCCION

Antes de aprender a leer, toda persona debe pasar por un proceso de aprendizaje de unas destrezas a las que los educadores llamamos destrezas básicas. Es lo que comúnmente se conoce como el apresto para la lectura. Esta es una experiencia más bien pre-escolar, ya que se espera que cuando un niño llega al primer grado tenga conocimiento y dominio de estas destrezas, para así poder realizar mejor el trabajo que le espera en este grado.

Las destrezas a las que me refiero, aparecen en este libro organizadas de acuerdo a su grado de dificultad (de lo fácil a lo difícil) e ilustradas con llamativos dibujos para que el estudiante, una vez concluido su trabajo, los coloree si así lo desea. Esto a su vez, le ayudará a ejercitar y desarrollar los músculos de las manos.

Los nombres de las destrezas básicas que aparecen en el libro son:

1. Reconocimiento de colores
2. Captar detalles
3. Detalles de forma
4. Tamaño
5. Posición
6. Dirección
7. Asociación
8. Clasificación
9. Orden
10. Orden de sucesos
11. Rima
12. Reconocimiento de vocales

Estas doce destrezas aparecen en este libro, preparado con todo mi cariño, para los niños, sus padres y sus maestros. A estos últimos, espero ayudarlos a aliviar la pesada carga que es el enseñar a niños de tan tierna edad. Por tal razón, he preparado al final de casi todas las destrezas, una página que servirá para evaluar si el estudiante ha aprendido la destreza, o si por el contrario necesita más ayuda para dominarla.

A través del libro, el niño tiene oportunidad de desarrollar otras destrezas muy importantes como son:

1. Seguir direcciones
2. Desarrollo de lenguaje
3. Coordinación motriz
4. Enriquecimiento de vocabulario
5. Seguir visualmente de izquierda a derecha
6. Organizar e interpretar series de láminas en secuencia.
7. Comparación y contrastación
8. Uegar a conclusiones
9. Movimiento coordinado entre los músculos de los ojos y las manos (visomotor).
10. Deseo de aprender.

Vaya pues, mi libro, para todos los niños que deseen aprender, y para todos los padres y maestros que deseen que sus niños aprendan bien.

**La autora**

## LOS COLORES

### Actividades sugeridas al enseñar los colores:

1. Se recomienda al introducir cada color utilizar algún tipo de pintura (finger paint, témpera, etc.) que el niño pueda utilizar libremente. Es una experiencia muy bonita e inolvidable para el niño ver cómo al mezclar dos colores surge un nuevo color.

2. Otra buena actividad sería coleccionar láminas del color estudiado. Esto ayuda al niño a afianzar el concepto de color que tengan.

3. Preparar "collages" con pedacitos de papel de construcción, tela o cinta del color bajo estudio, provee otro medio de afianzar el concepto de color a la misma vez que es una excelente manera de desarrollar la creatividad de los niños.

4. Recortar pedazos del color bajo estudio de revistas o libros desechados.

5. Colorear figuras estereotipos de objetos que son del color bajo estudio. Ej. la zanahoria - anaranjada. Esta actividad brinda la oportunidad de asociar el color con algo determinado. Esta debe ser una de las actividades finales.

6. La enseñanza de cada color debe durar varios días (3 por lo menos). Así los estudiantes tienen la oportunidad de trabajar con éstos de diferentes modos, de acuerdo a las actividades antes mencionadas.

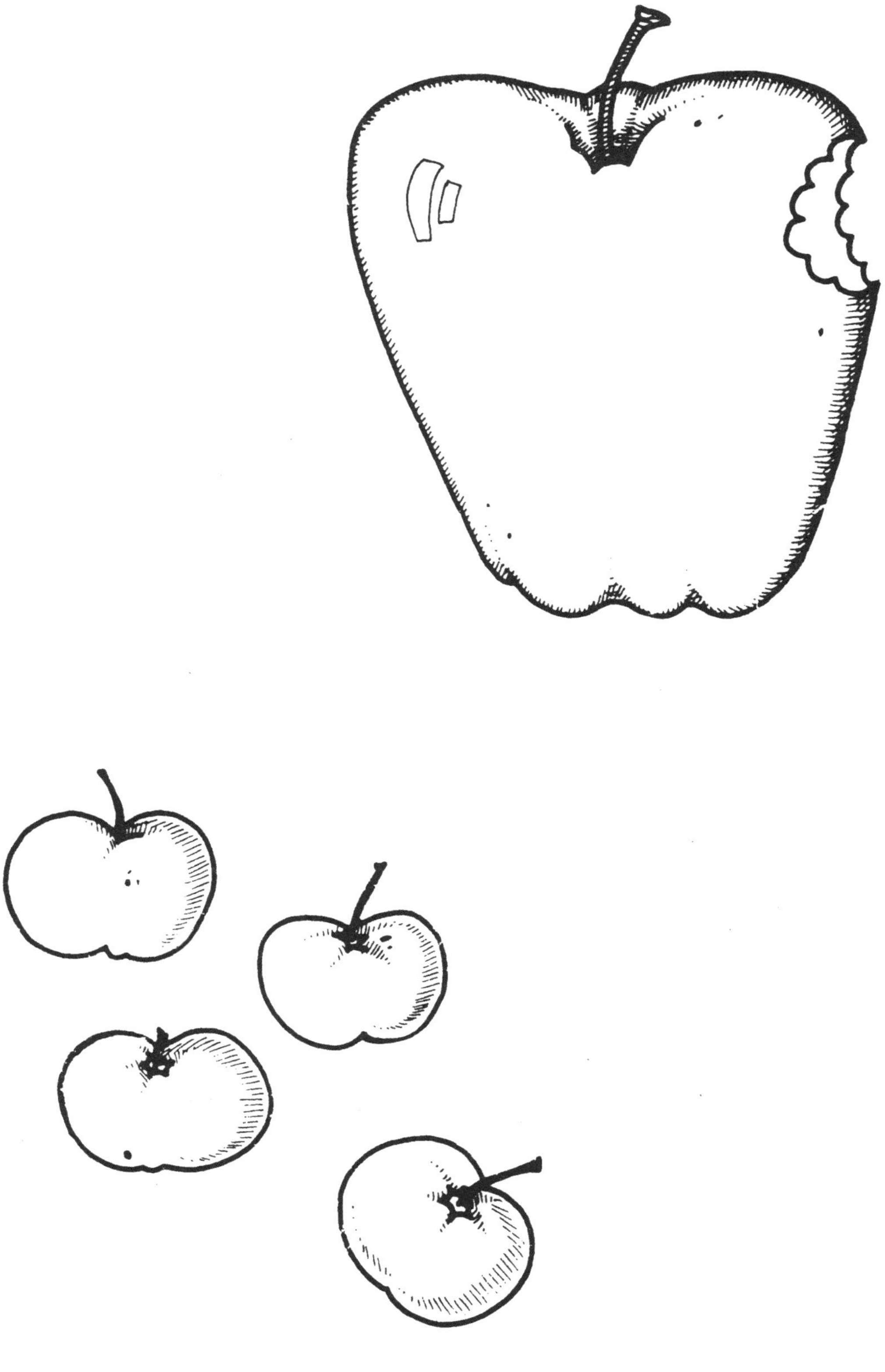

La manzana y las acerolas son de color rojo.
DESTREZA: COLOR

El cielo y el mar son de color azul.
DESTREZA: COLOR

El sol y las flores son de color amarillo.
DESTREZA: COLOR

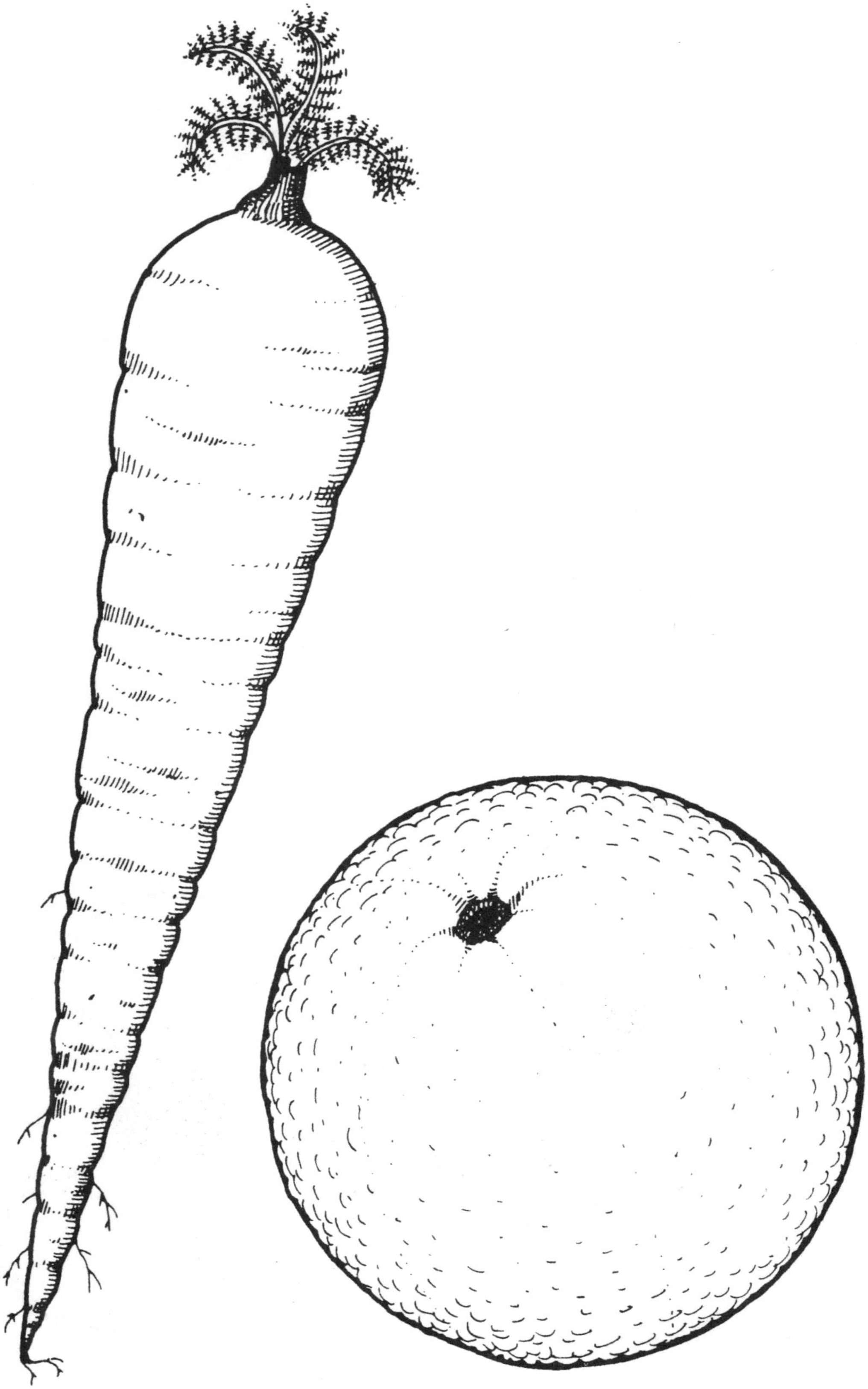

La zanahoria y la china son de color anaranjado.
DESTREZA: COLOR

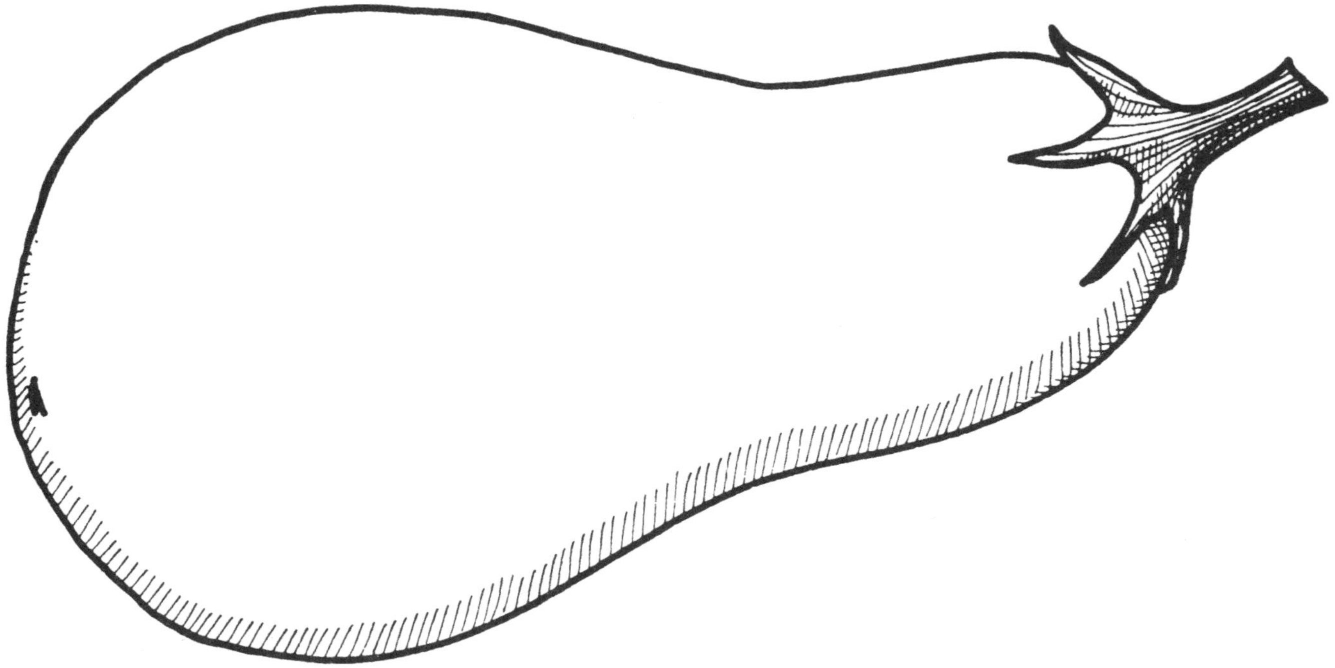

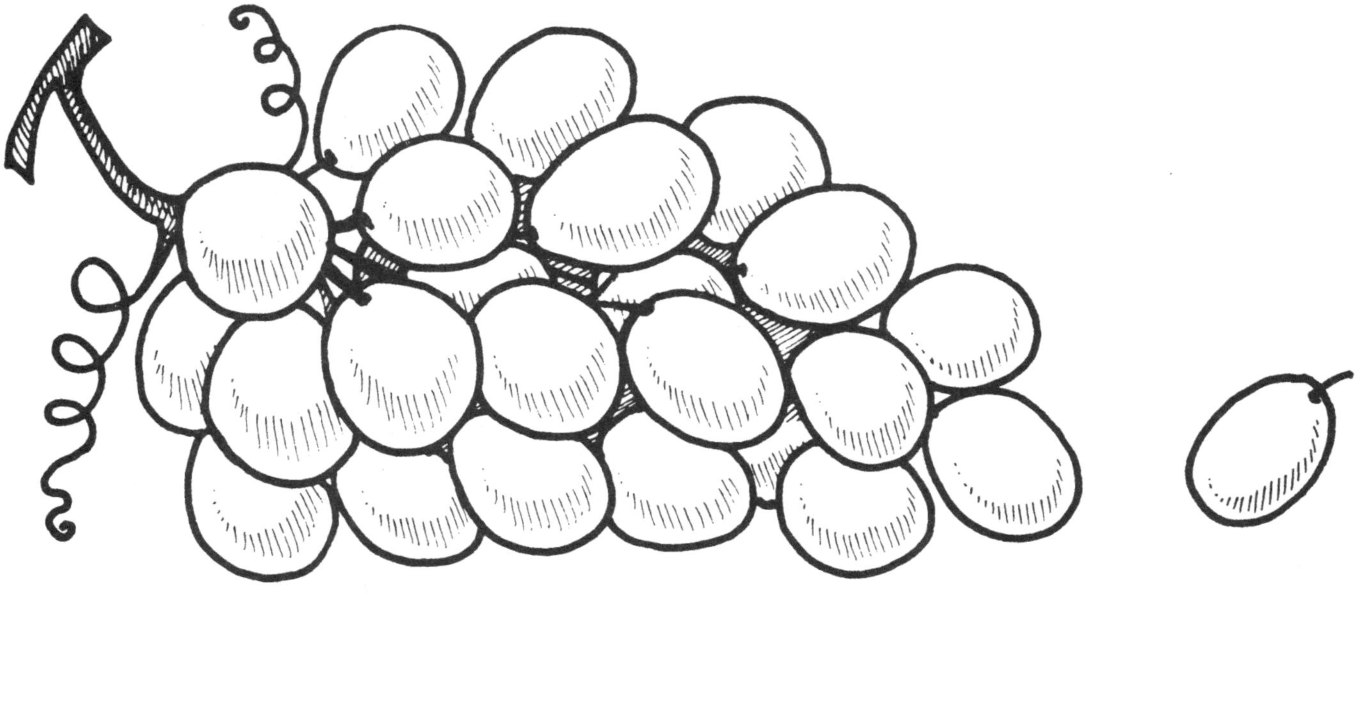

La berenjena y las uvas son de color violeta.
DESTREZA: COLOR

Las hojas son de color verde.
DESTREZA: COLOR

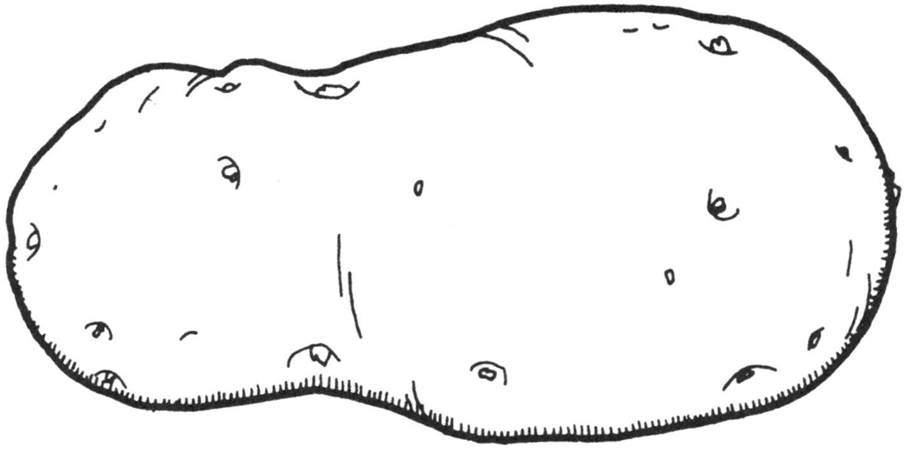

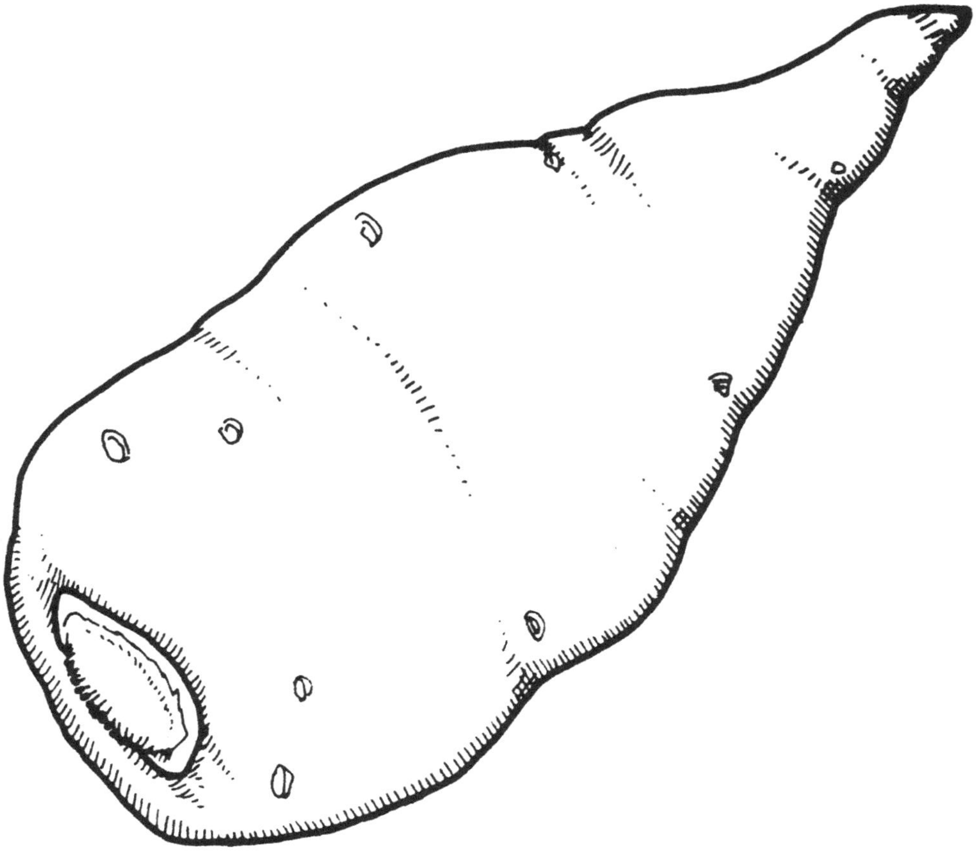

La papa y la yautía son de color marrón.
DESTREZA: COLOR

Las nubes y la leche son de color blanco.
DESTREZA: COLOR

La foca y la noche son de color negro.
DESTREZA: COLOR

china

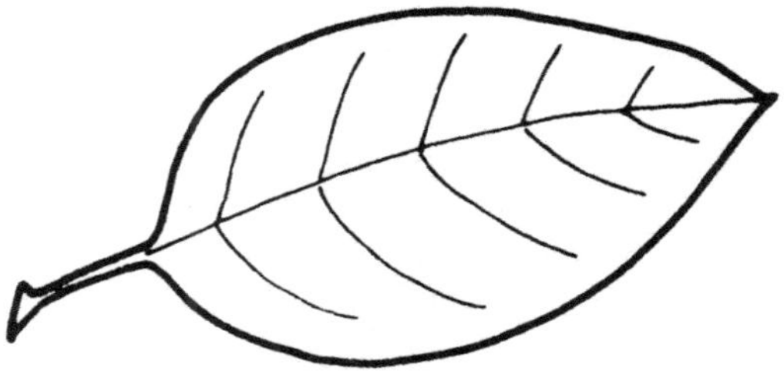

hoja

sol

uvas

manzana

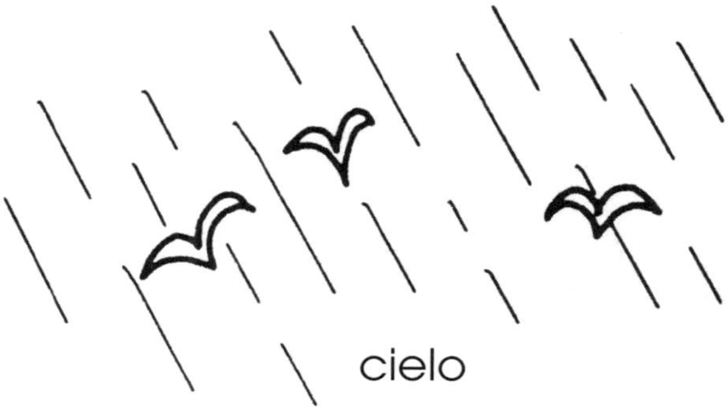

cielo

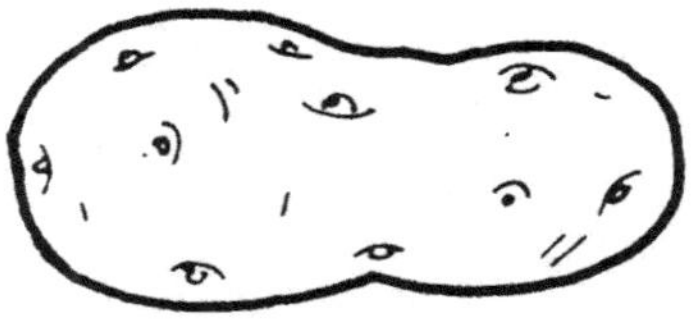

papa

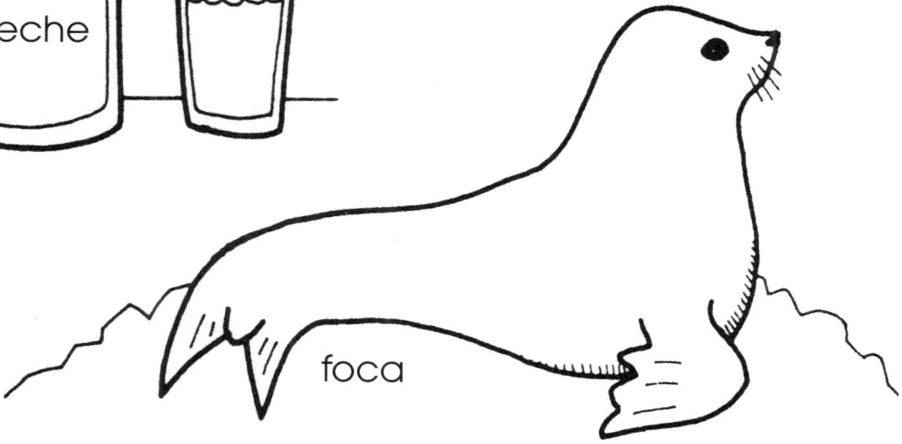


Ejercicio de evaluación:
Colorea los dibujos de acuerdo al color que le corresponda.
DESTREZA: COLOR

Observa la lámina cuidadosamente. Repite los nombres de las cosas que ves en ella.
DESTREZA: DETALLES

Colorea y observa la lámina cuidadosamente. Repite los nombres de las cosas que ves en ella.
Compáralas con la lámina anterior y marca con una X el lugar donde falta algo.
DESTREZA: DETALLES

Observa la lámina cuidadosamente. Repite los nombres de las cosas que ves en ella.
DESTREZA: DETALLES

Colorea y observa la lámina cuidadosamente. Repite los nombres de las cosas que ves en ella. Compáralas con la lámina anterior y marca con una X el lugar donde falta algo.
DESTREZA: DETALLES

Observa la lámina cuidadosamente. Repite los nombres de las cosas que ves en ella.
DESTREZA: DETALLES

Colorea y observa la lámina cuidadosamente. Repite los nombres de las cosas que ves en ella.
Compáralas con la lámina anterior y marca con una X el lugar donde falta algo.
DESTREZA: DETALLES

Observa la lámina de la parte de arriba. Ve todos sus detalles. Tapa la parte de arriba con tu mano o un pedazo de papel. Observa la lámina de abajo.

Di qué cosas faltan en esta lámina. Haz una X en el lugar donde falta algo.

Observa la lámina de la parte de arriba. Ve todos sus detalles. Tapa la parte de arriba con tu mano o un pedazo de papel. Luego observa la lámina de abajo.

Di qué cosas faltan en esta lámina. Haz una X en el lugar donde falta algo.

Observa bien los dibujos. Repite sus nombres.
Pasa a la página siguiente.

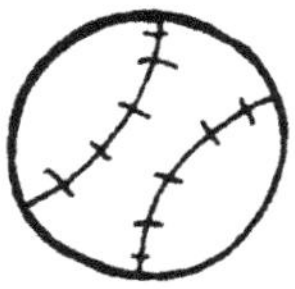

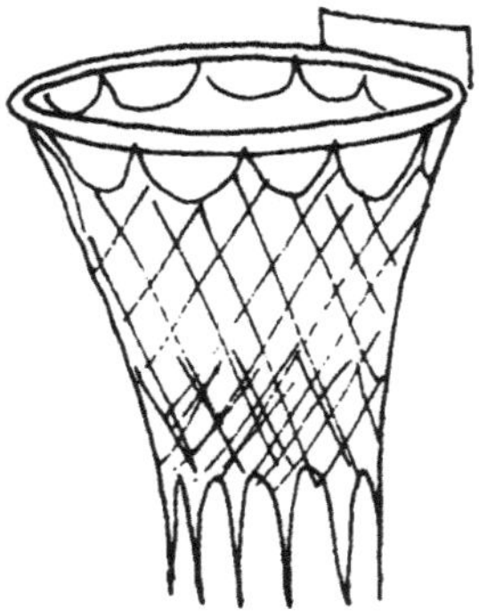

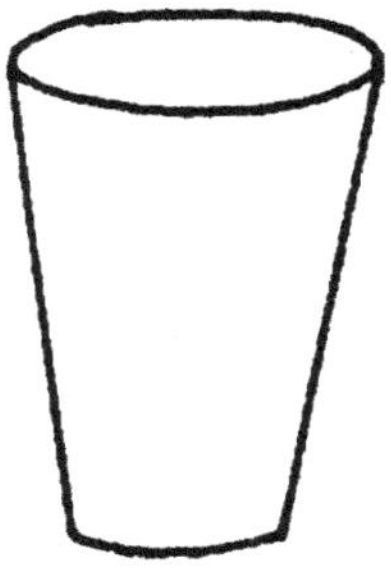

Observa bien los dibujos. ¿Qué falta en cada grupo?
Puedes dibujar lo que falta o hacer una X. Colorea.

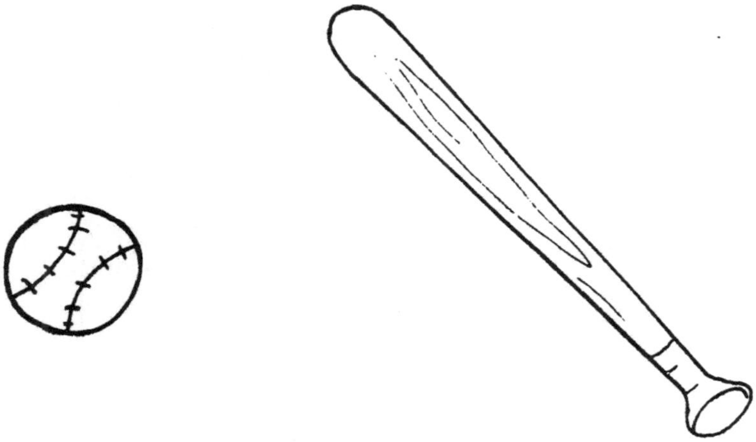

DESTREZA: DETALLES

Observa bien los dibujos. Repite sus nombres.
Pasa a la página siguiente.

Observa bien los dibujos. ¿Qué falta en cada grupo?
Puedes dibujar lo que falta o hacer una X. Colorea.

Observa bien los dibujos. Repite sus nombres.
Pasa a la página siguiente.

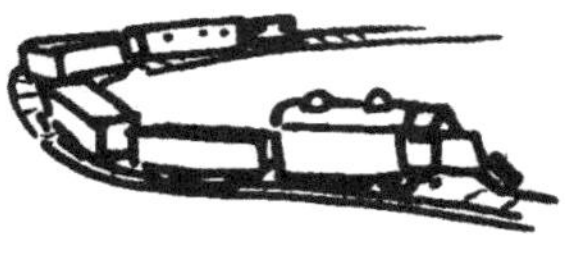

Observa bien los dibujos. ¿Qué falta en cada grupo?
Puedes dibujar lo que falta o hacer una X. Colorea.

Observa bien los dibujos. Repite sus nombres.
Pasa a la página siguiente.

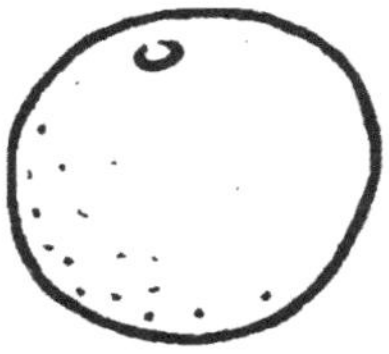

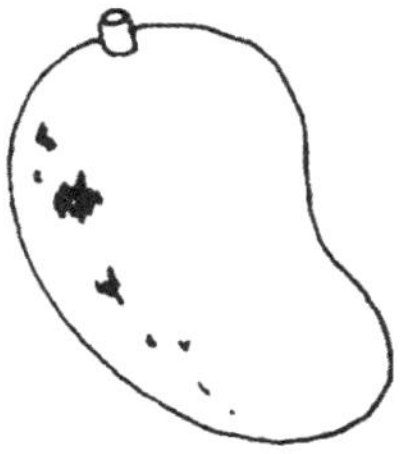

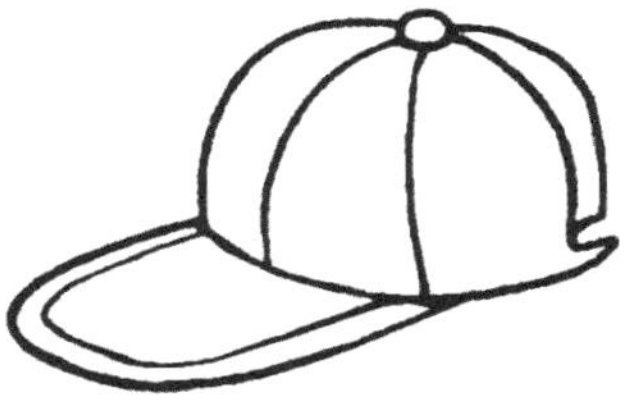

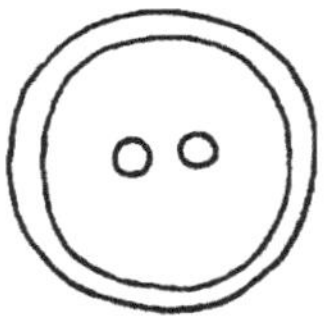

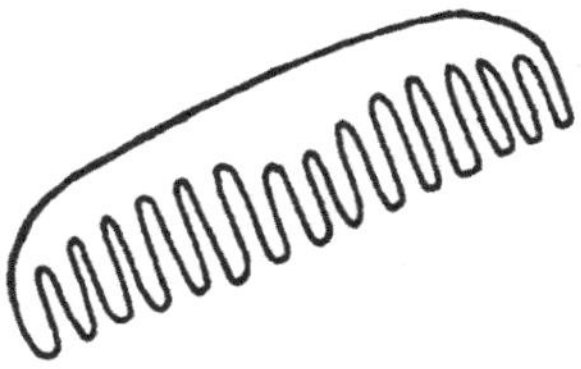
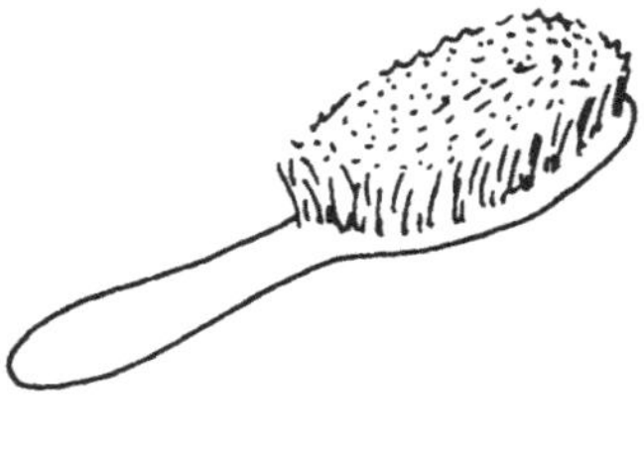

Observa bien los dibujos. ¿Qué falta en cada grupo?
Puedes dibujar lo que falta o hacer una X. Colorea.

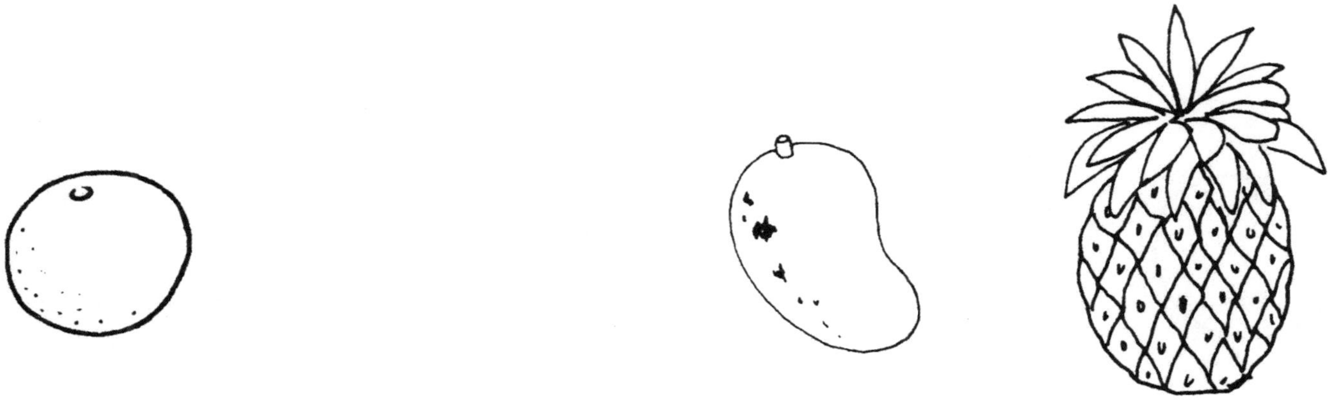

DESTREZA: DETALLES

Completa los dibujos de la columna derecha observando los de la izquierda y coloréalos.
DESTREZA: DETALLES

Marca con una X el dibujo que es diferente a los demás.
DESTREZA: DETALLES DE FORMA

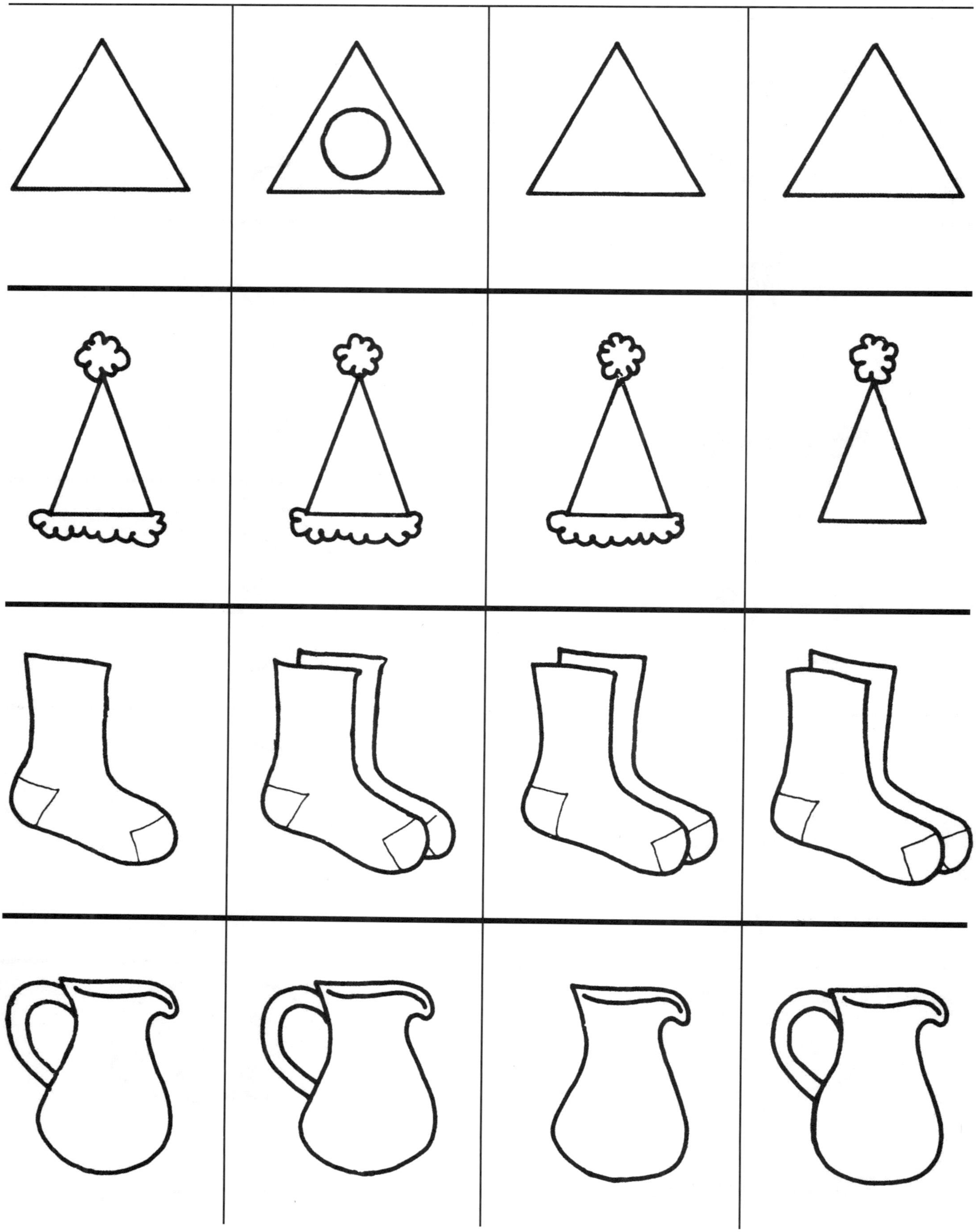

Marca con una X el dibujo que es diferente a los demás.
DESTREZA: DETALLES DE FORMA

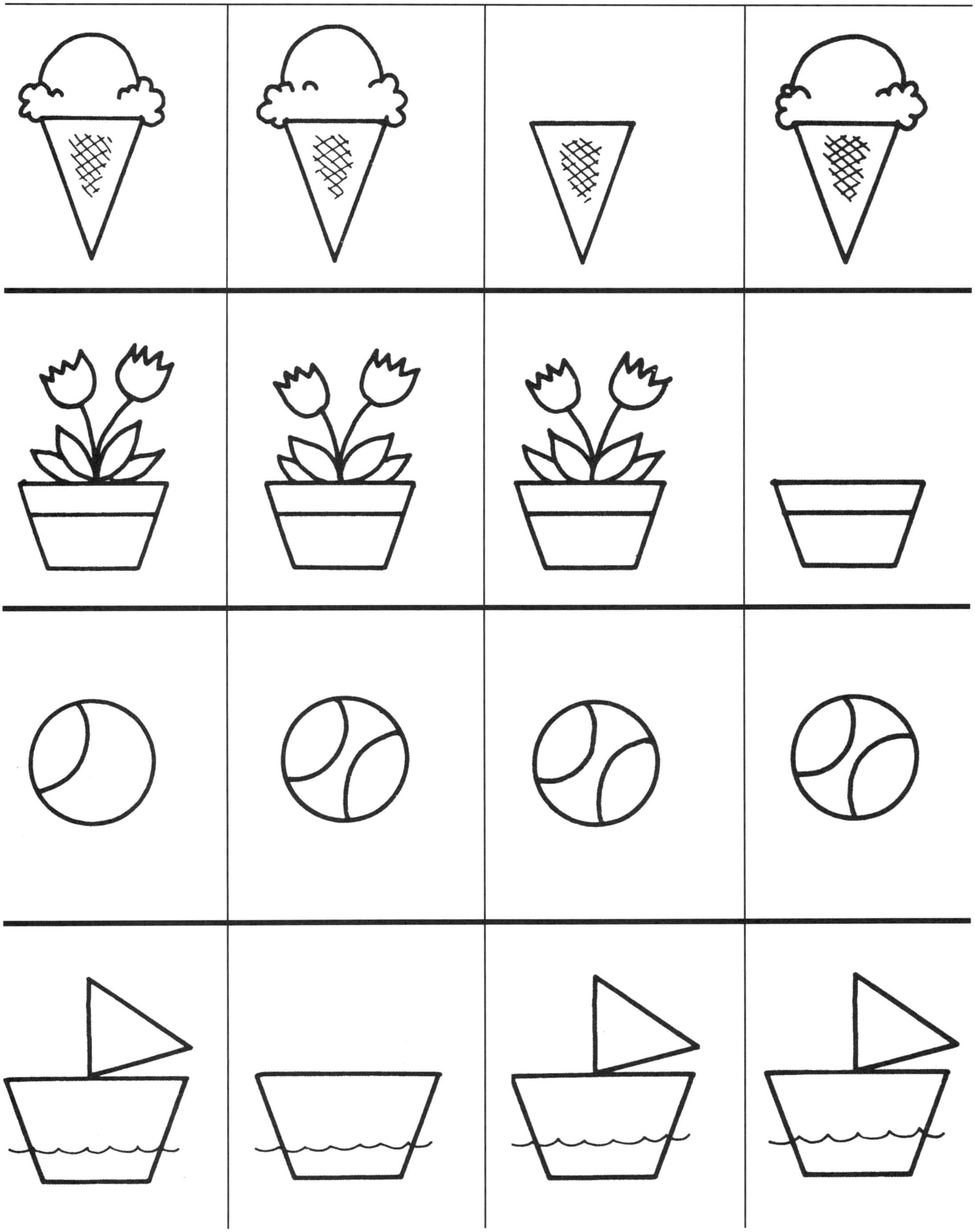

Marca con una X el dibujo que es diferente a los demás.

DESTREZA: DETALLES DE FORMA

**EVALUACION**

Marca con una X el dibujo que es diferente a los demás.

DESTREZA: DETALLES DE FORMA

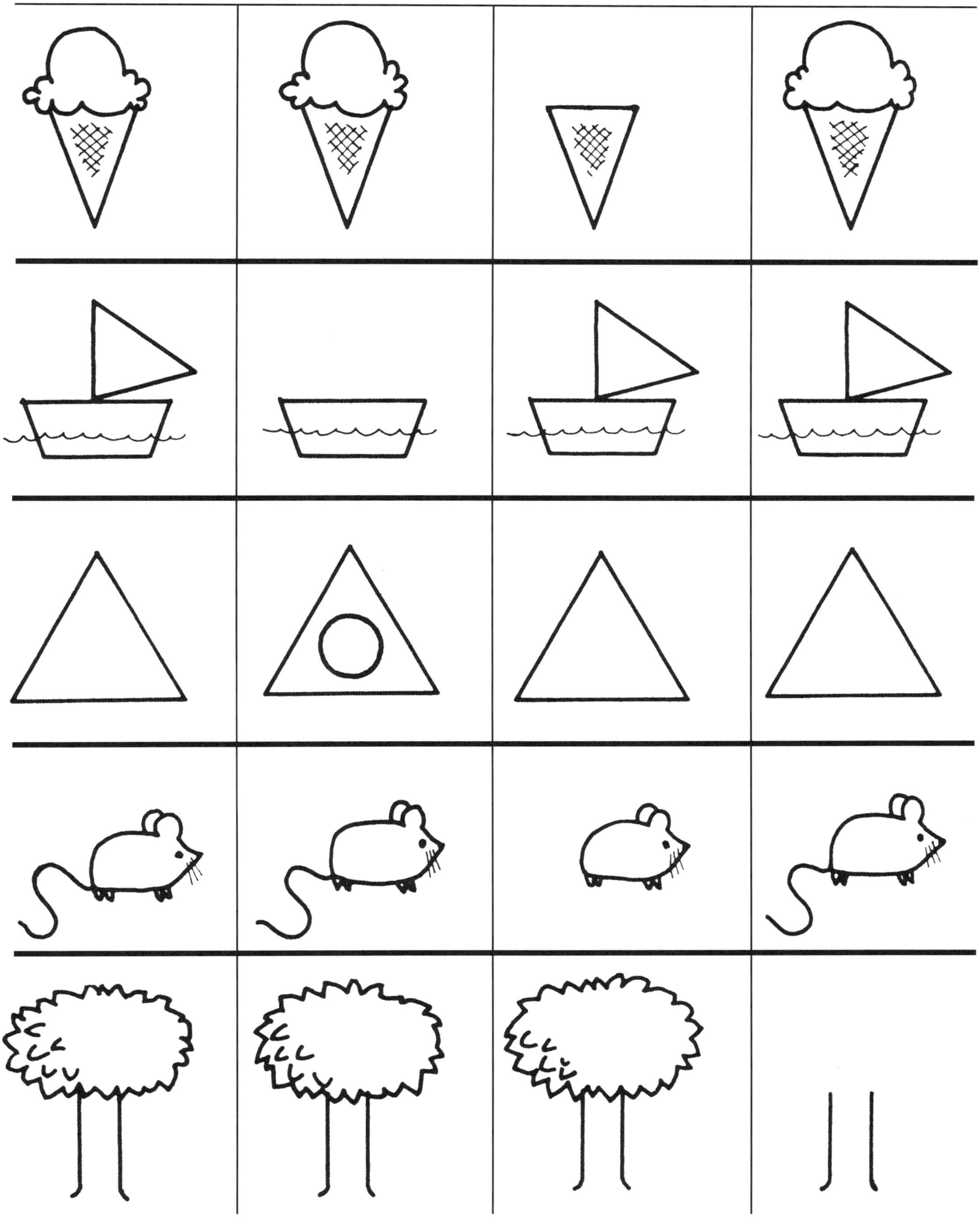

Marca con una X los dibujos de tamaño diferente.
DESTREZA: TAMAÑO

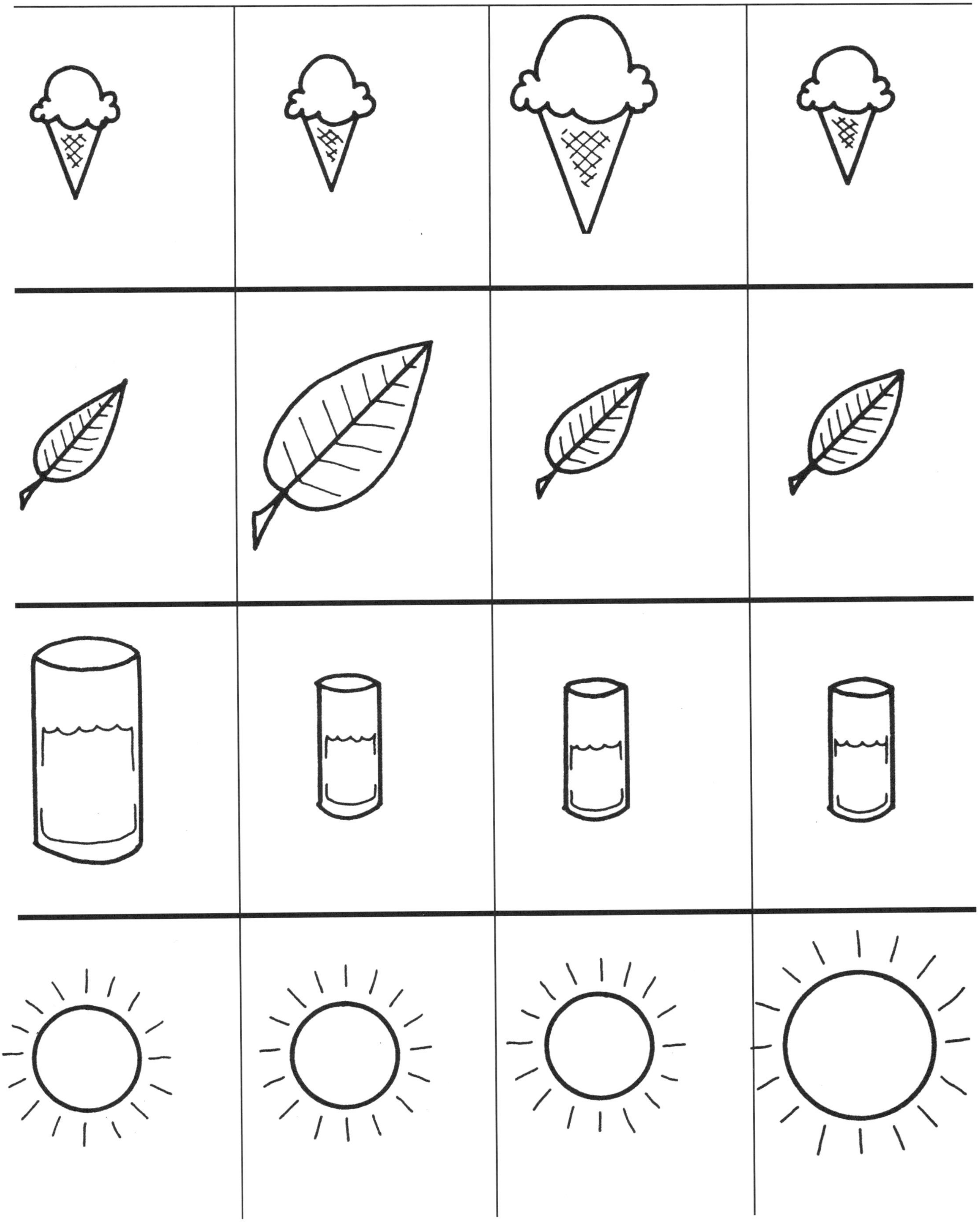

Marca con una X los dibujos de tamaño diferente.

DESTREZA: TAMAÑO

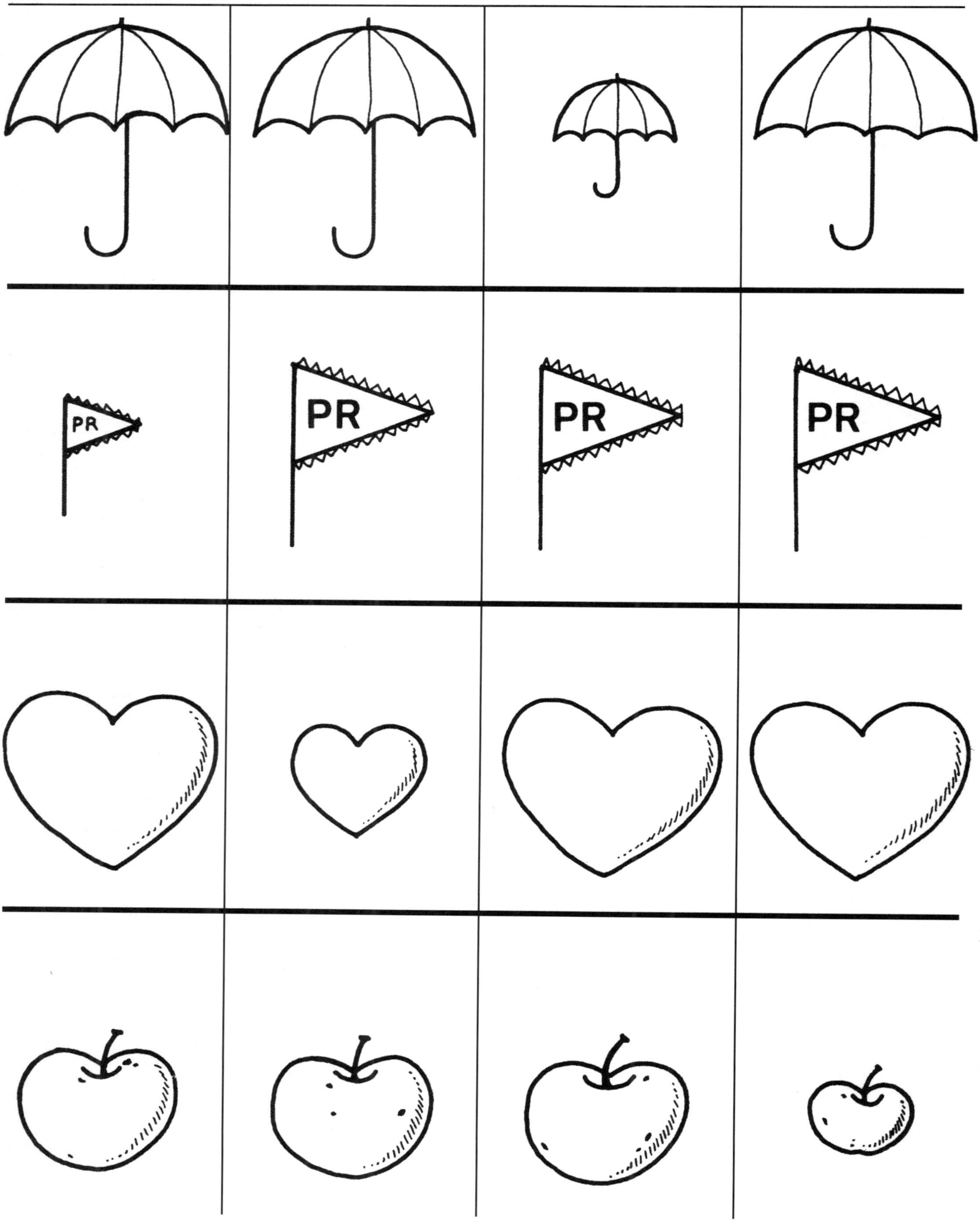

Marca con una X los dibujos de tamaño diferente.
DESTREZA: TAMAÑO

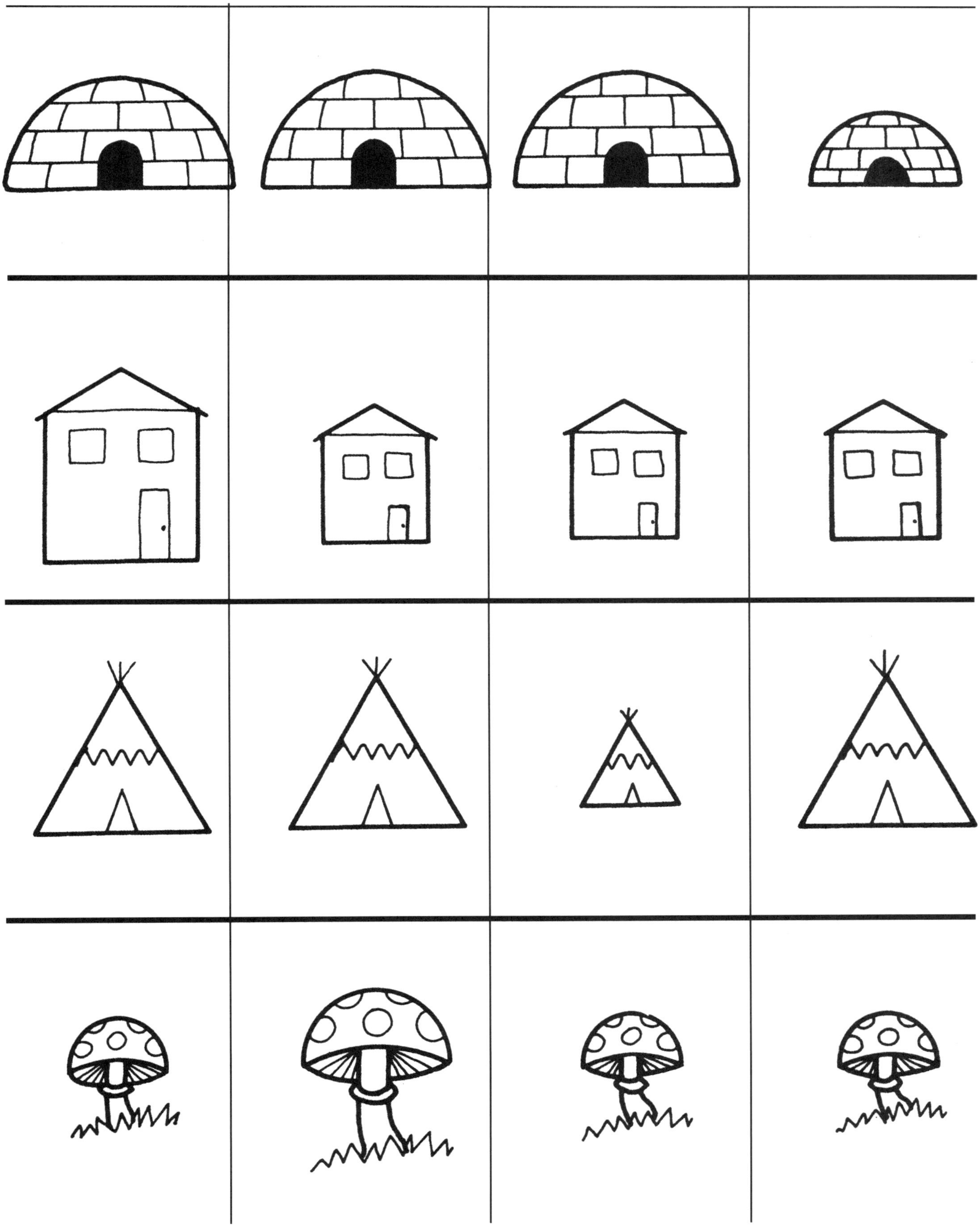

Marca con una X los dibujos de tamaño diferente.

DESTREZA: TAMAÑO

**EVALUACION**

Marca con una X los dibujos de tamaño diferente.

DESTREZA: TAMAÑO

Marca con una X los dibujos que están en diferente posición.
DESTREZA: POSICION

Marca con una X los dibujos que están en diferente posición.

DESTREZA: POSICION

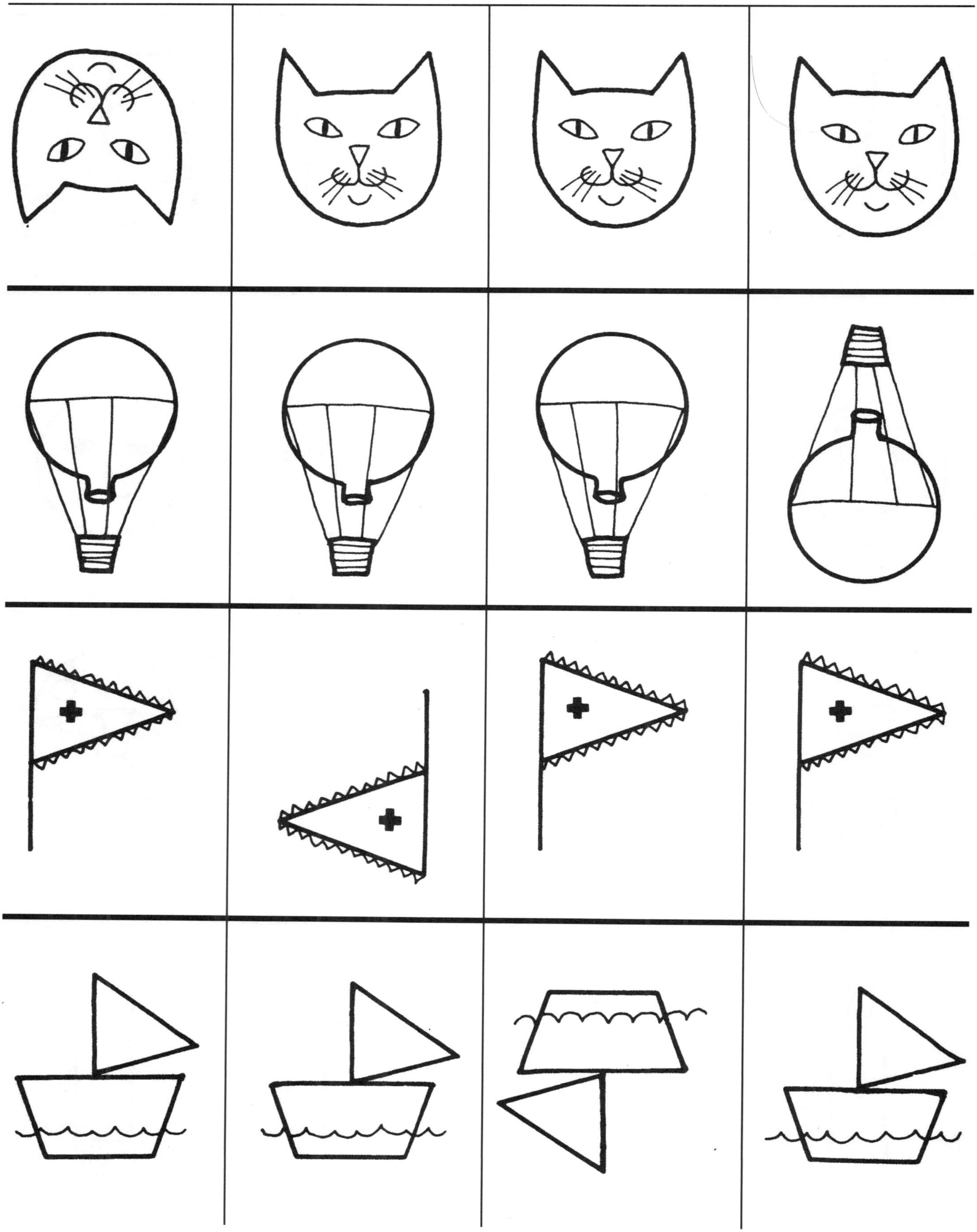

Marca con una X los dibujos que están en diferente posición.
DESTREZA: POSICION

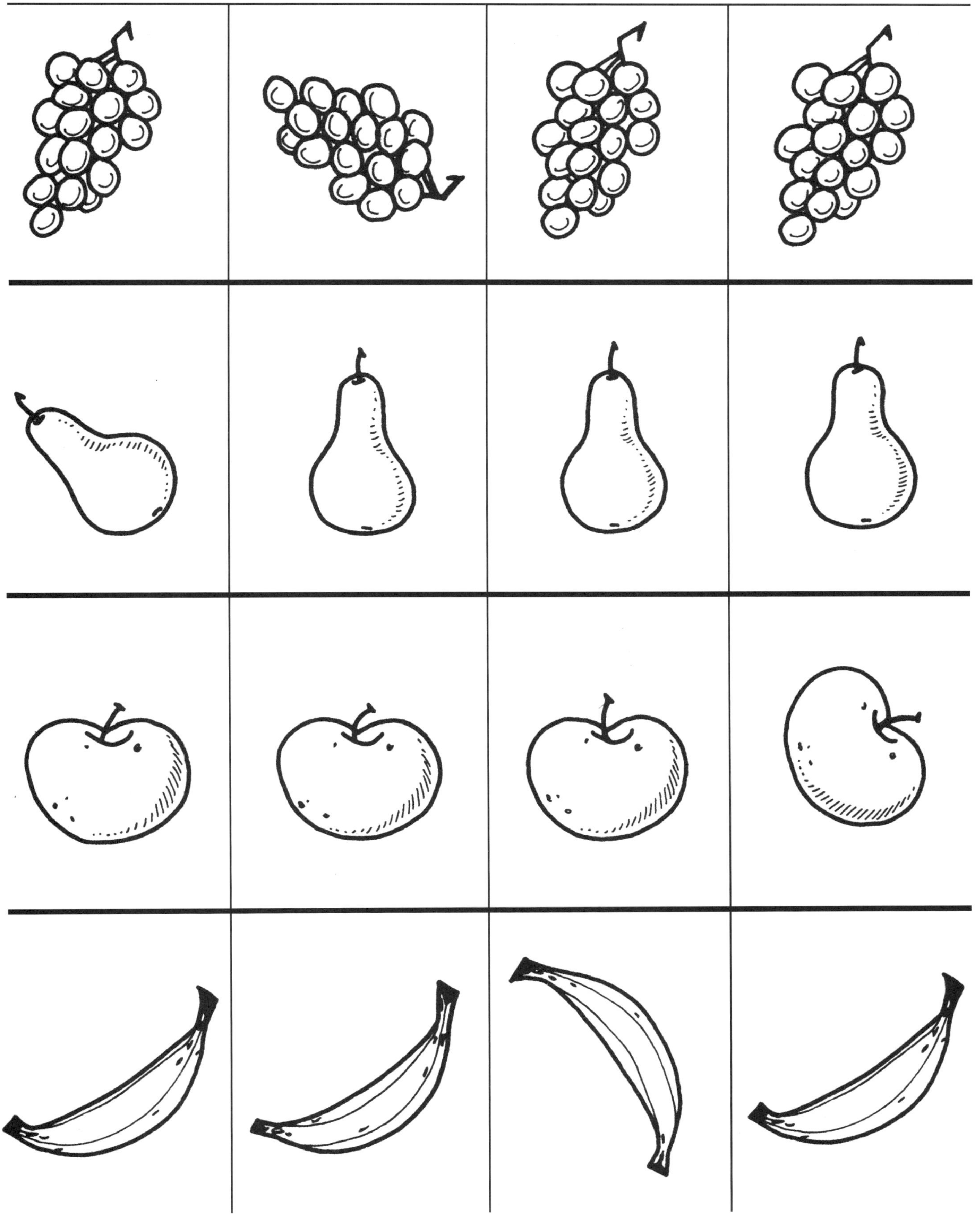

Marca con una X los dibujos que están en diferente posición.

DESTREZA: POSICION

EVALUACION

Marca con una X los dibujos que están en diferente posición.

DESTREZA: POSICION

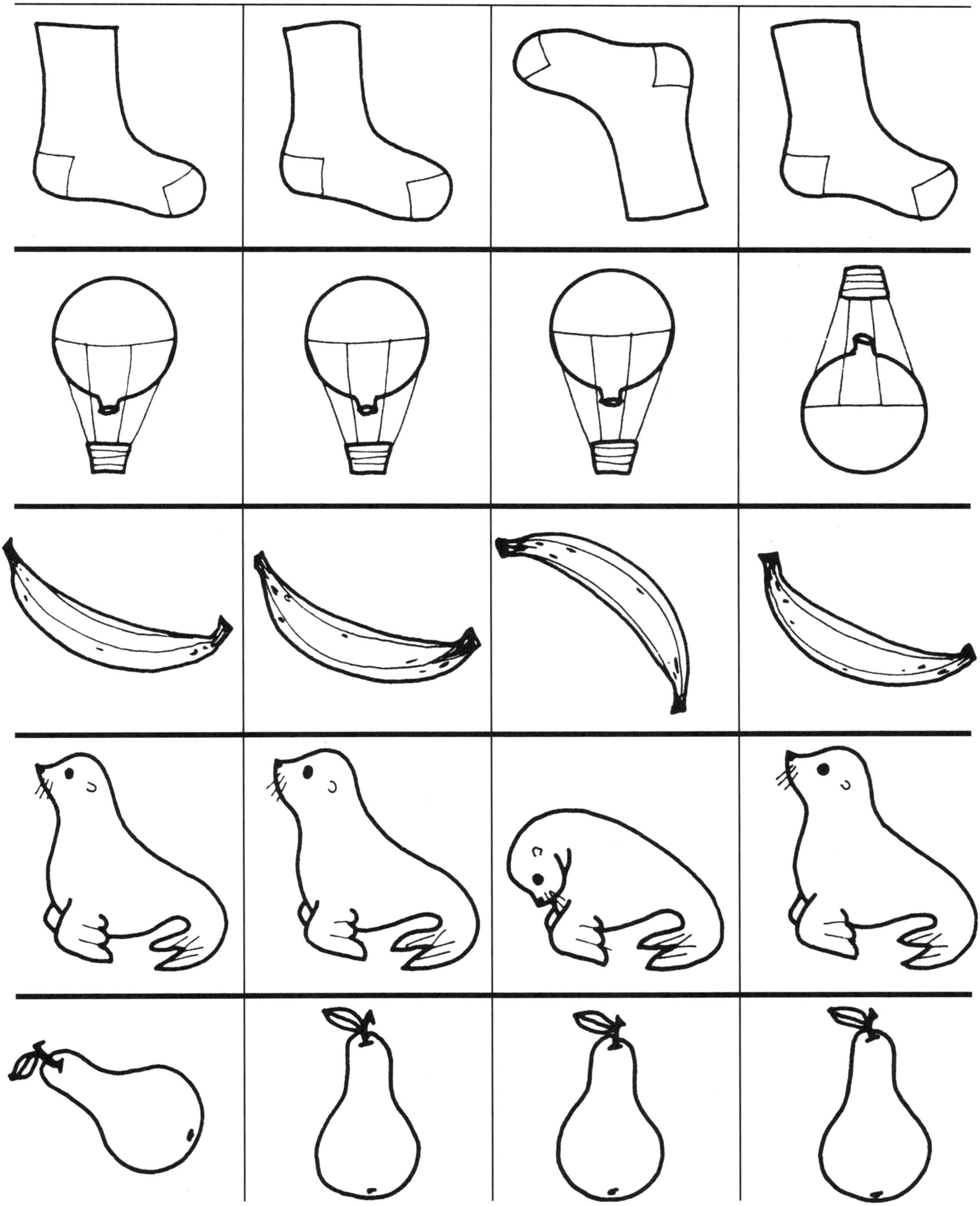

Colorea la mano derecha de amarillo.
Colorea la mano izquierda de rojo.
DESTREZA: IZQUIERDA - DERECHA

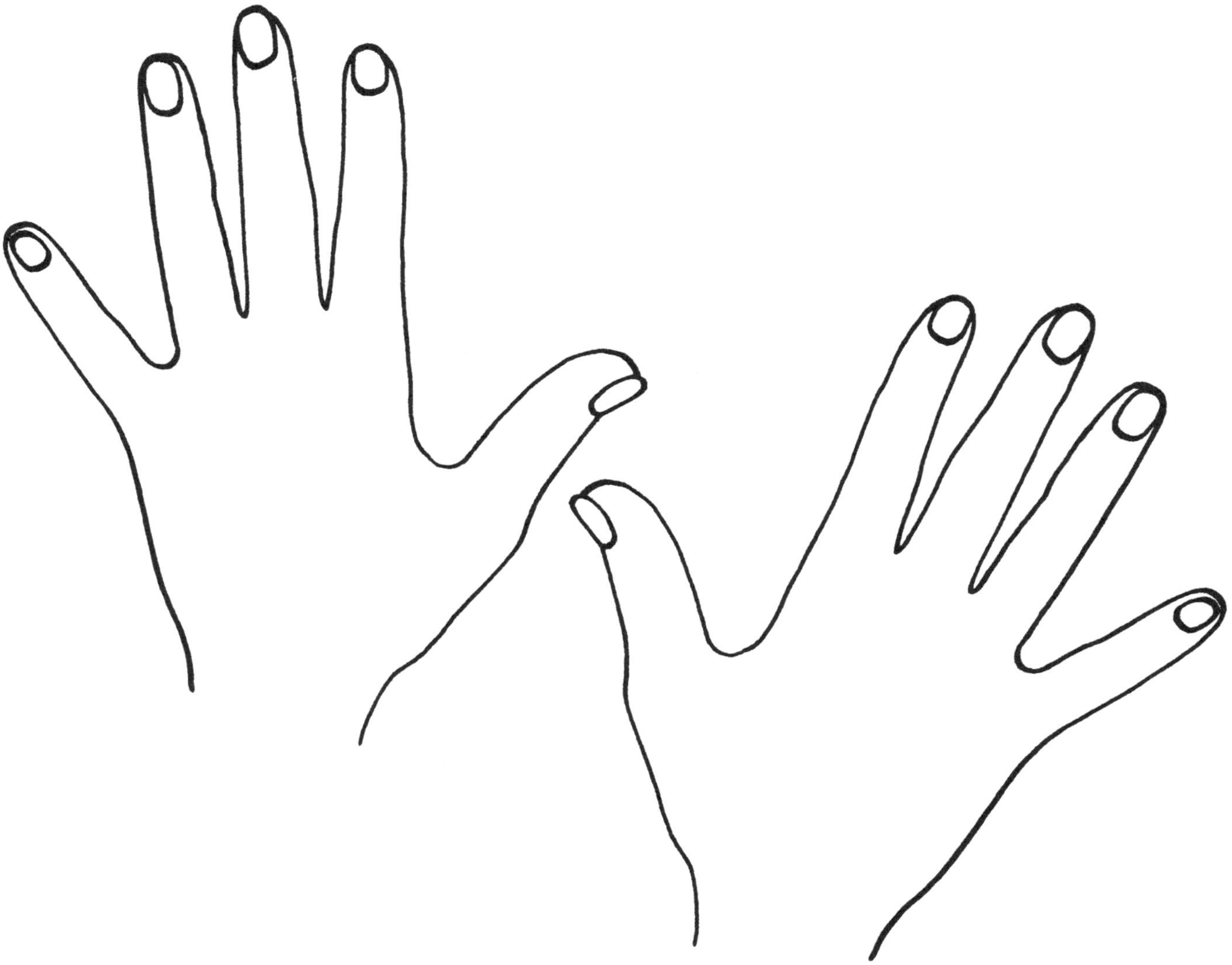

Colorea el pie derecho de verde.
Colorea el pie izquierdo de azul.
DESTREZA: IZQUIERDA - DERECHA

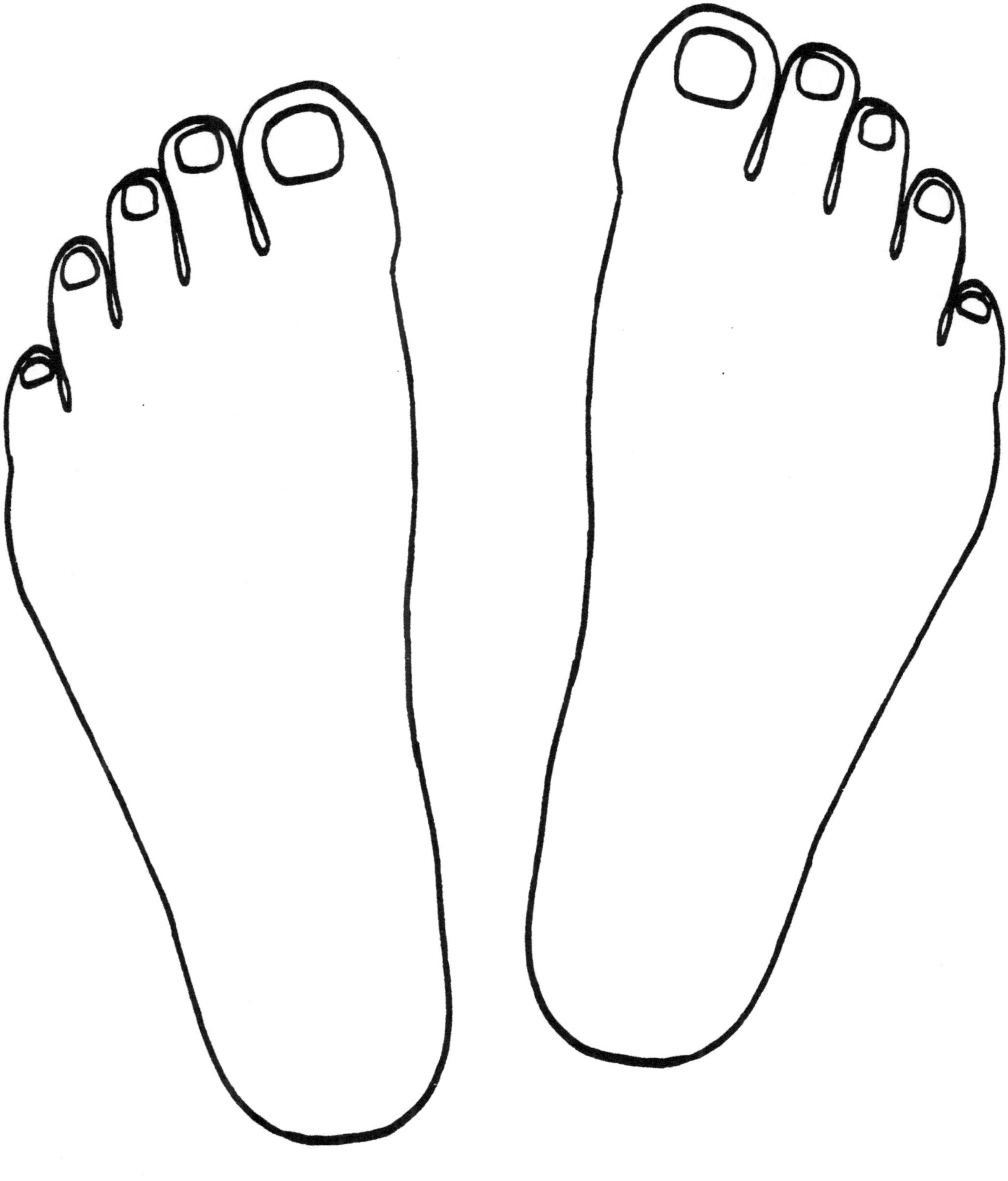

Colorea los peces que se dirigen hacia la izquierda de color verde y los que van hacia la derecha de color amarillo.

DESTREZA: DIRECCION

Colorea los peces que se encuentran a la izquierda del camino.
DESTREZA: DIRECCION

Marca los dibujos que están en diferente dirección.
DESTREZA: DIRECCION

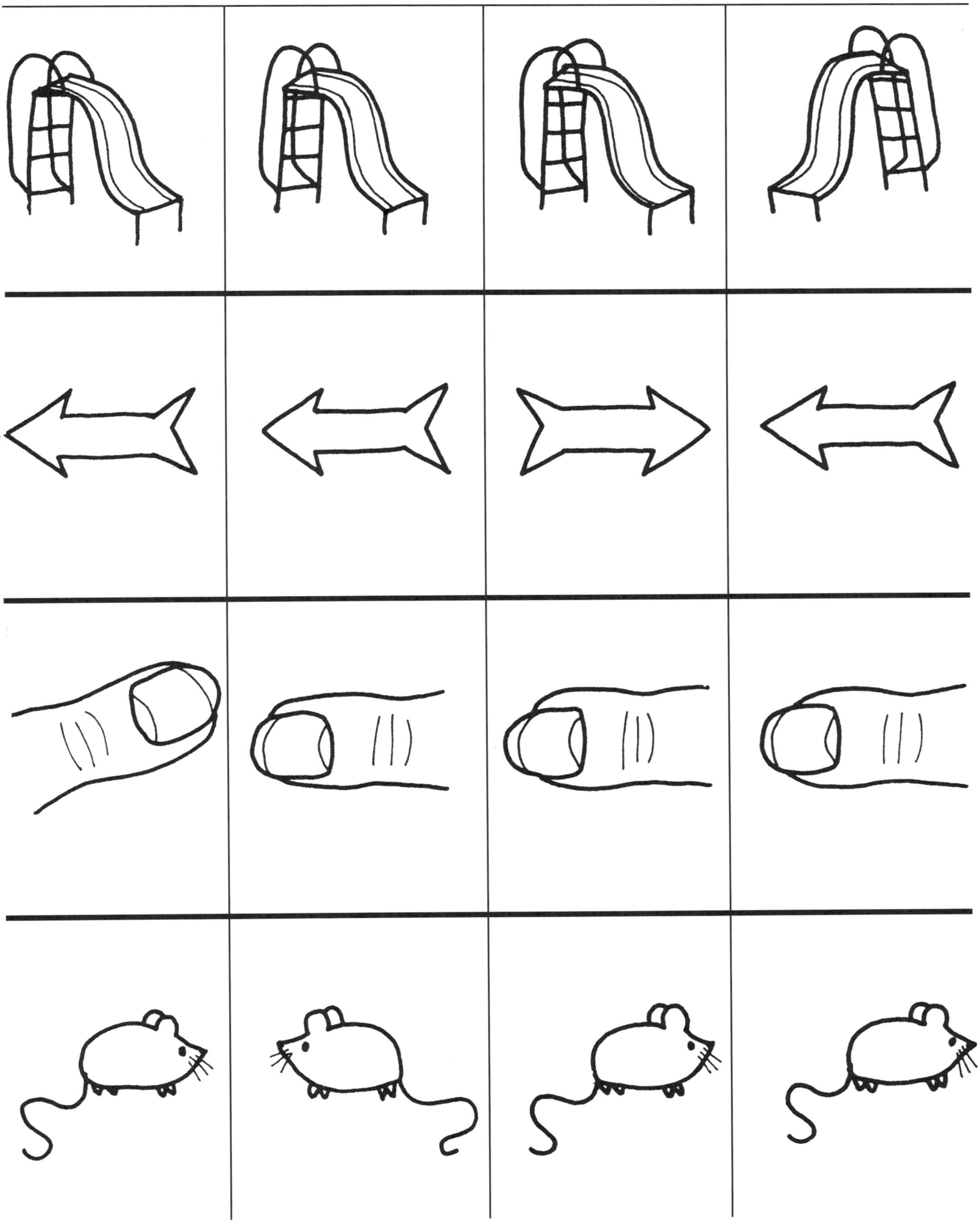

Marca los dibujos que están en diferente dirección.

DESTREZA: DIRECCION

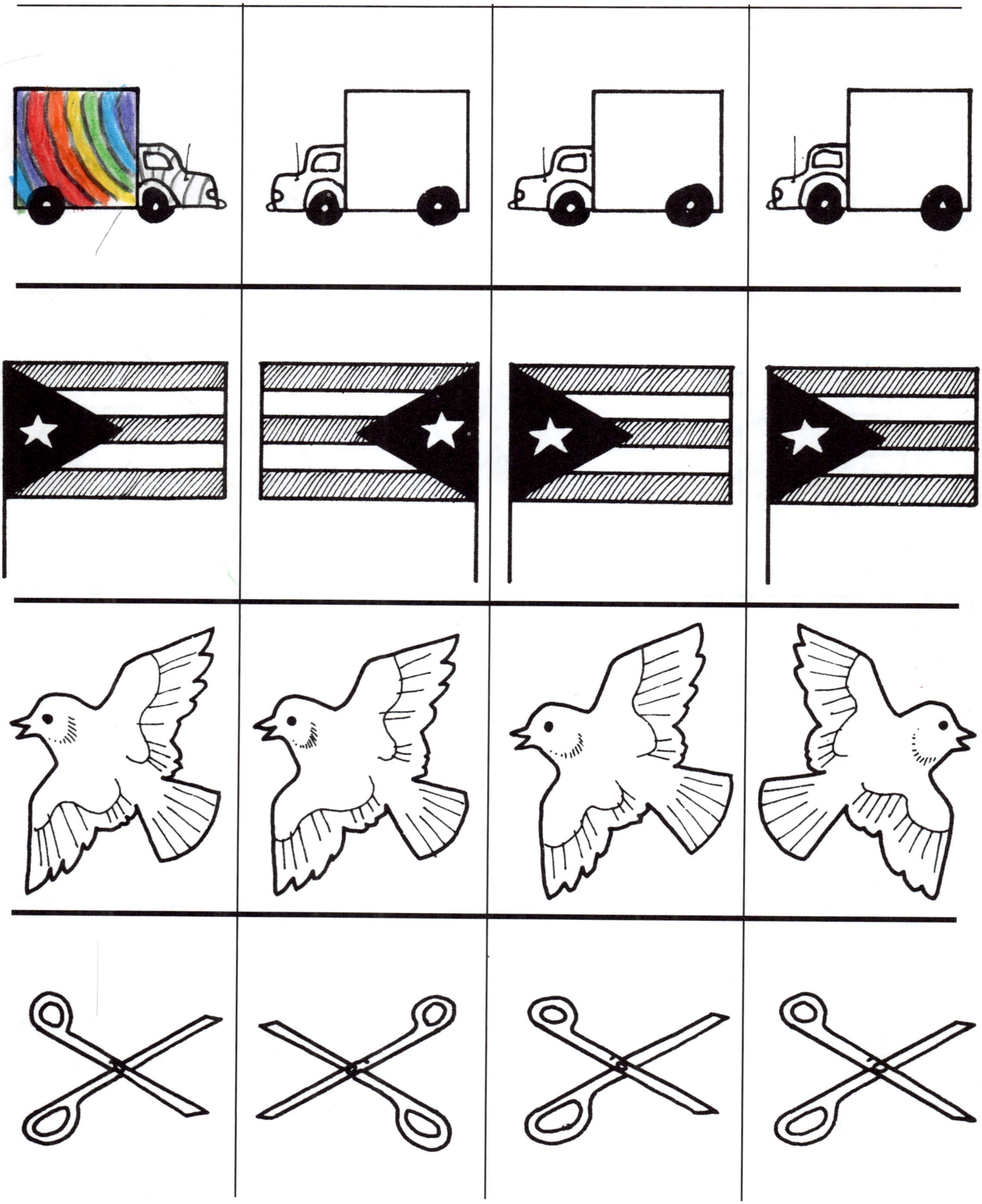

Marca los dibujos que están en diferente dirección.
DESTREZA: DIRECCION

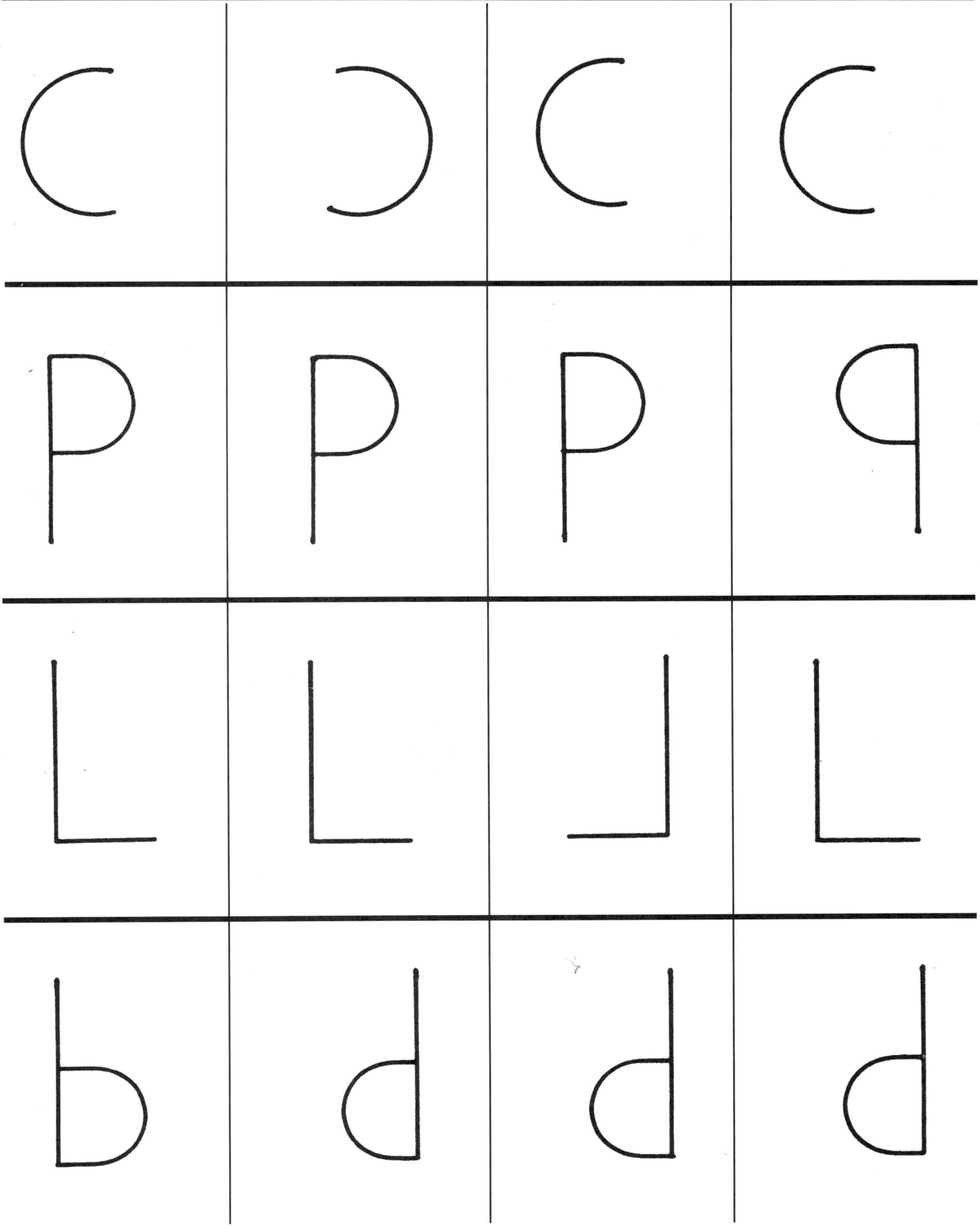

EVALUACION

Marca con una X los dibujos que van en diferente dirección.

DESTREZA: DIRECCION

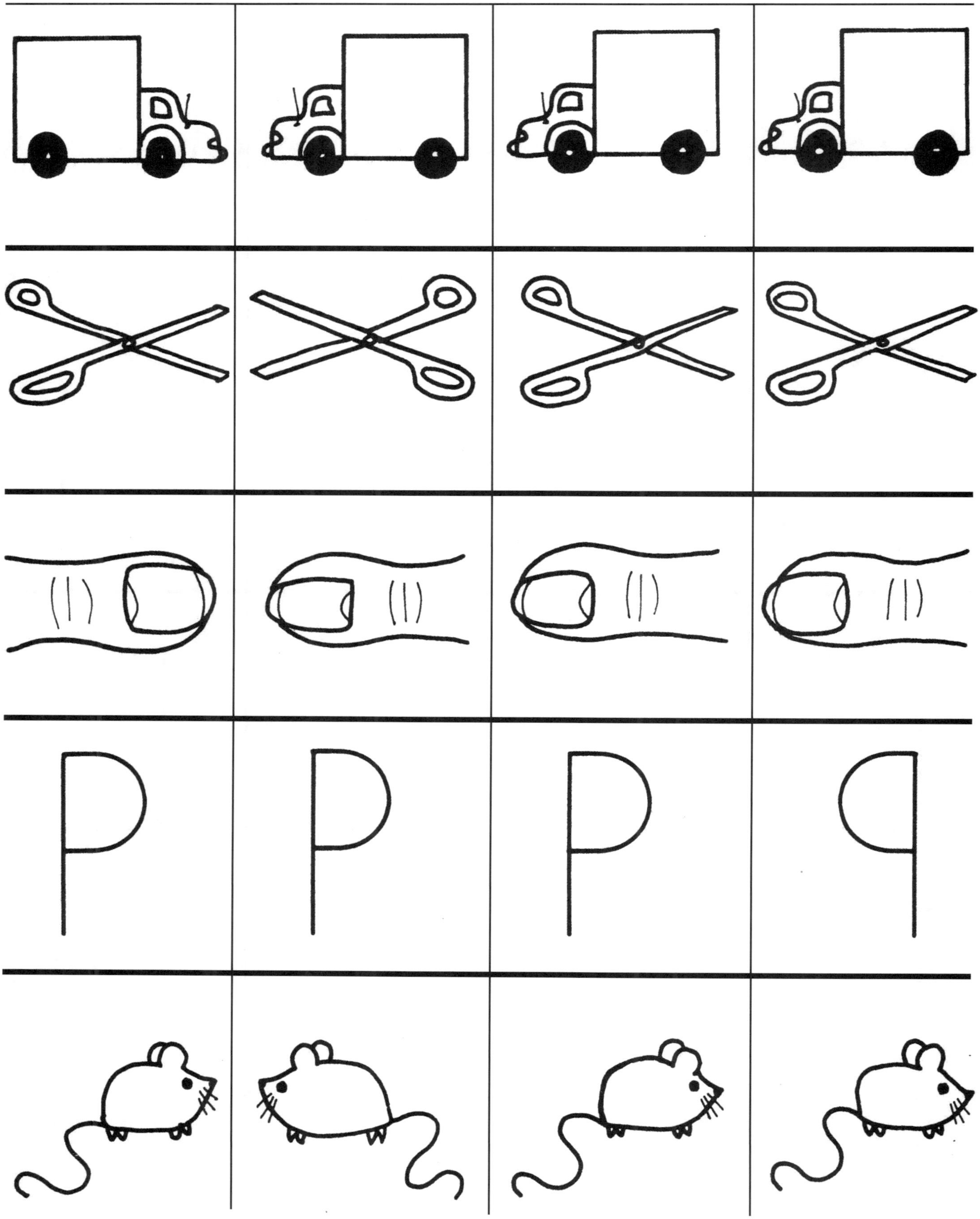

Asocia los diferentes pares de zapatos.
DESTREZA: ASOCIACION

Asocia los diferentes dibujos. ¿Con qué va cada cosa?
DESTREZA: ASOCIACION

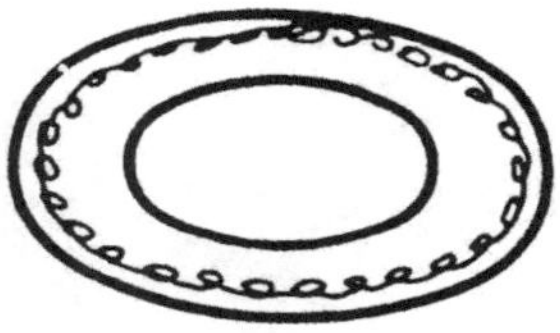

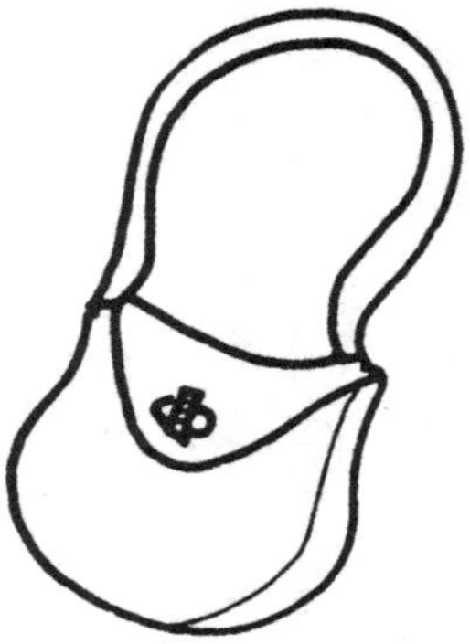

Asocia los diferentes dibujos con su correspondiente diminutivo.
DESTREZA: ASOCIACION

¿En qué parte del cuerpo se usa cada cosa?
DESTREZA: ASOCIACION

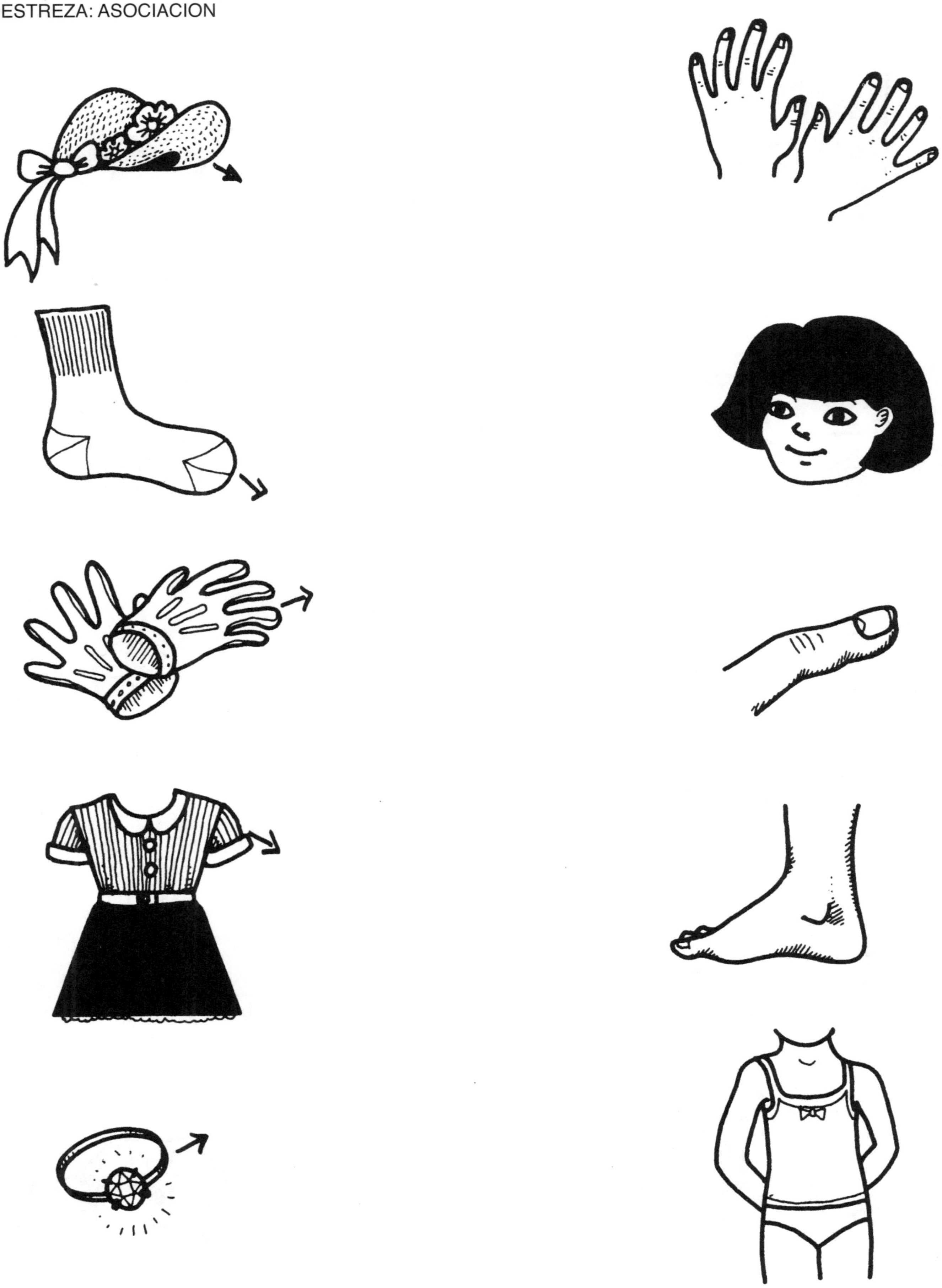

Asocia los dibujos con los significados opuestos.
DESTREZA: ASOCIACION

¿A qué corresponde cada cosa?

DESTREZA: ASOCIACION

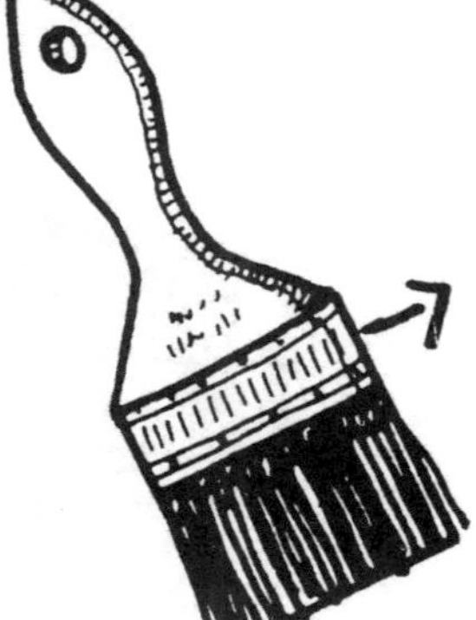

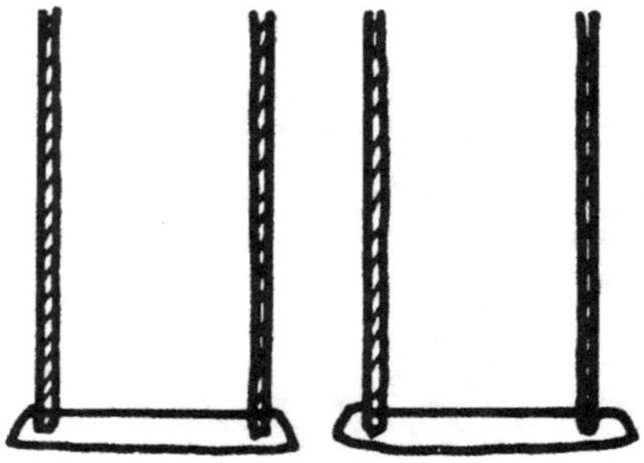

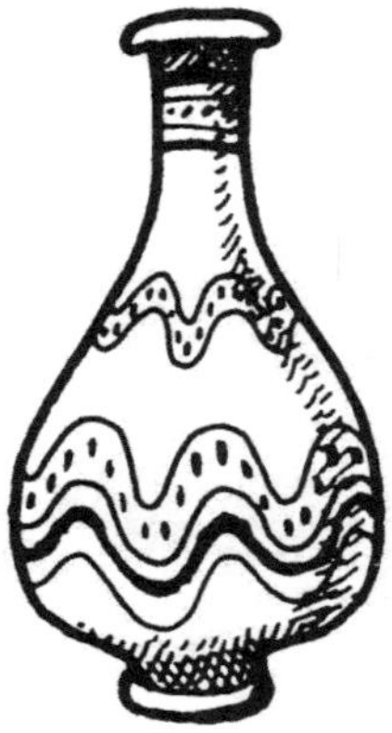

Dirige cada animal a su casa.
DESTREZA: ASOCIACION

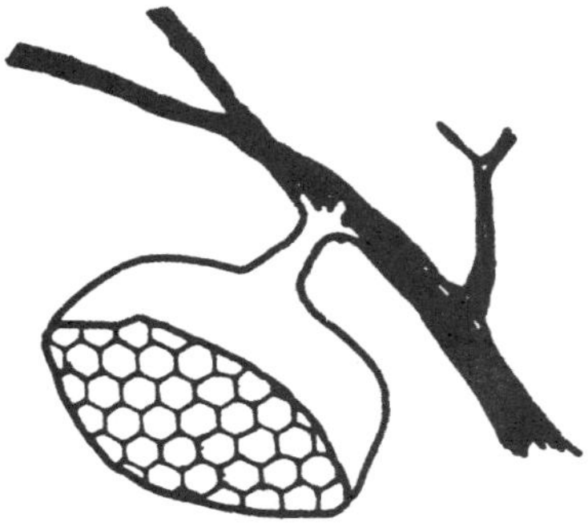

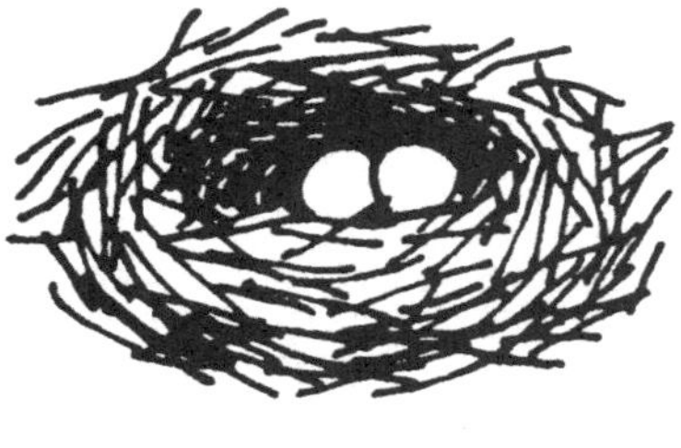

Marca con una X y colorea los dibujos correspondientes a viviendas de personas.
DESTREZA: CLASIFICACION

Colorea las prendas de vestir únicamente.
DESTREZA: CLASIFICACION

Dirige las figuras al hueco del cubo que les corresponden.
DESTREZA: CLASIFICACION

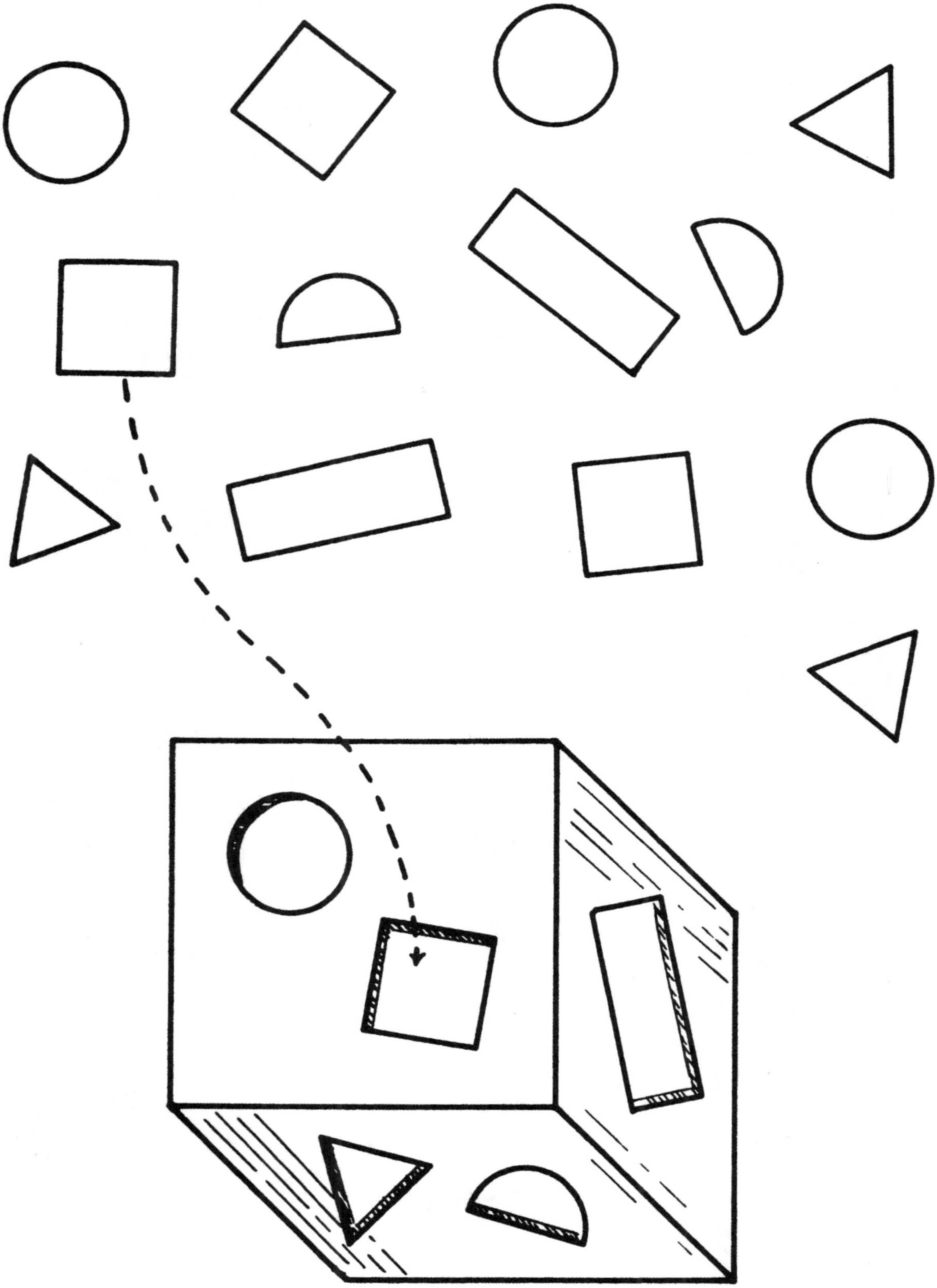

Coloca los juguetes en el cajón y las frutas en la cesta.
DESTREZA: CLASIFICACION

Marca con una X el dibujo que no corresponde en cada grupo. ¿Puedes decir por qué?

DESTREZA: CLASIFICACION

| | | | |
|---|---|---|---|
| A | R | 5 | Z |

Marca con una X el medio de transportación que no corresponde en cada grupo.
Explica porqué no corresponde.

## EVALUACION

Marca con una X el dibujo que no corresponde en cada grupo. ¿Puedes decir por qué?

DESTREZA: CLASIFICACION

Recorta los cuatro dibujos y pégalos en la página siguiente en el orden correcto.
DESTREZA: ORDEN

Pega aquí los dibujos que recortastede la página anterior en el orden correcto.

Recorta los cuatro dibujos y pégalos en la página siguiente en el orden correcto.
DESTREZA: ORDEN

Pega aquí los dibujos que recortastede la página anterior en el orden correcto.

Recorta los cuatro dibujos y pégalos en la página siguiente en el orden correcto.
DESTREZA: ORDEN

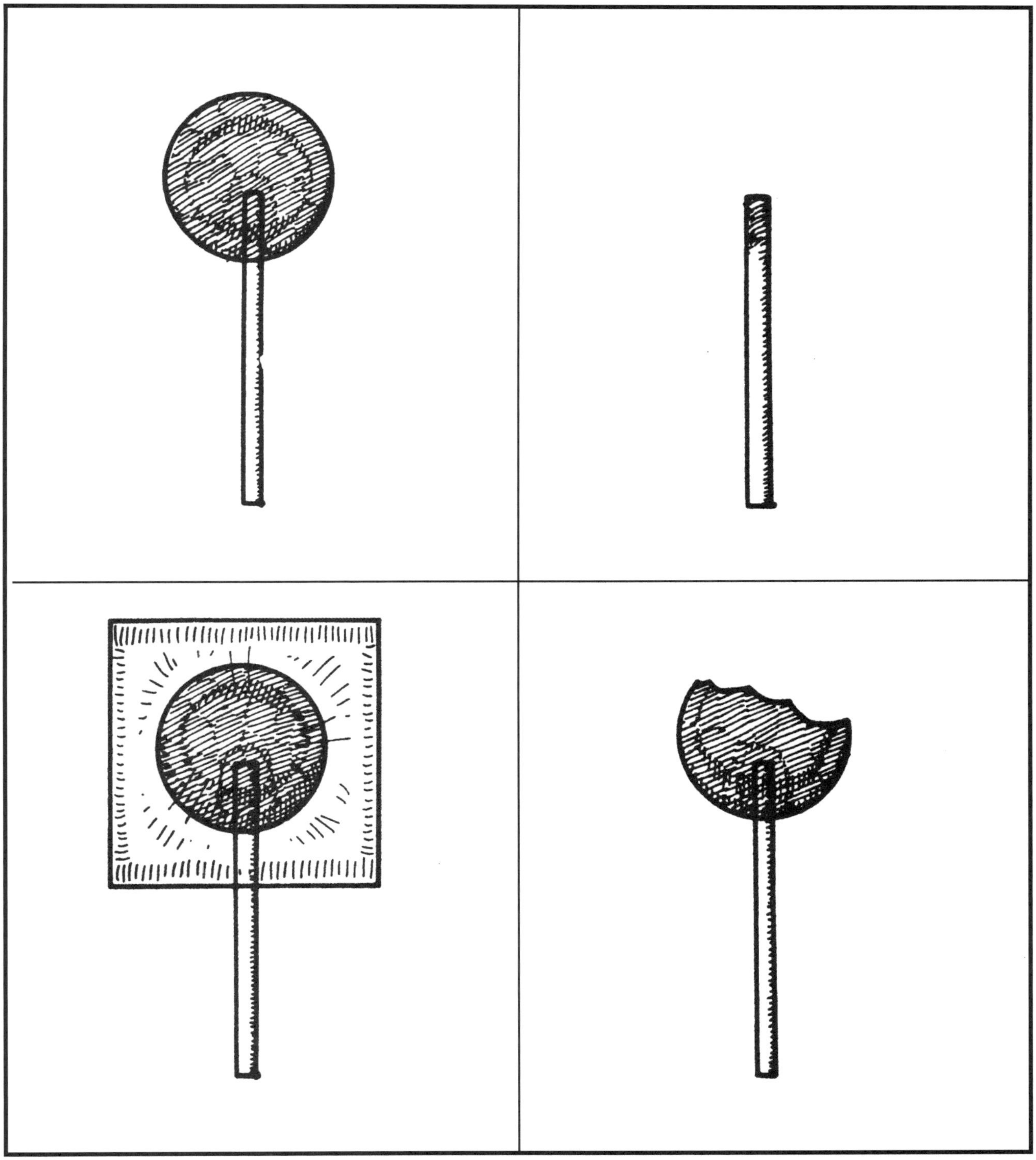

Pega aquí los dibujos que recortastede la página anterior en el orden correcto.

Recorta los cuatro dibujos y pégalos en la página siguiente en el orden correcto.
DESTREZA: ORDEN

Pega aquí los dibujos que recortastede la página anterior en el orden correcto.

Encierra el dibujo a la derecha que continuaría el patrón.
DESTREZA: PATRONES

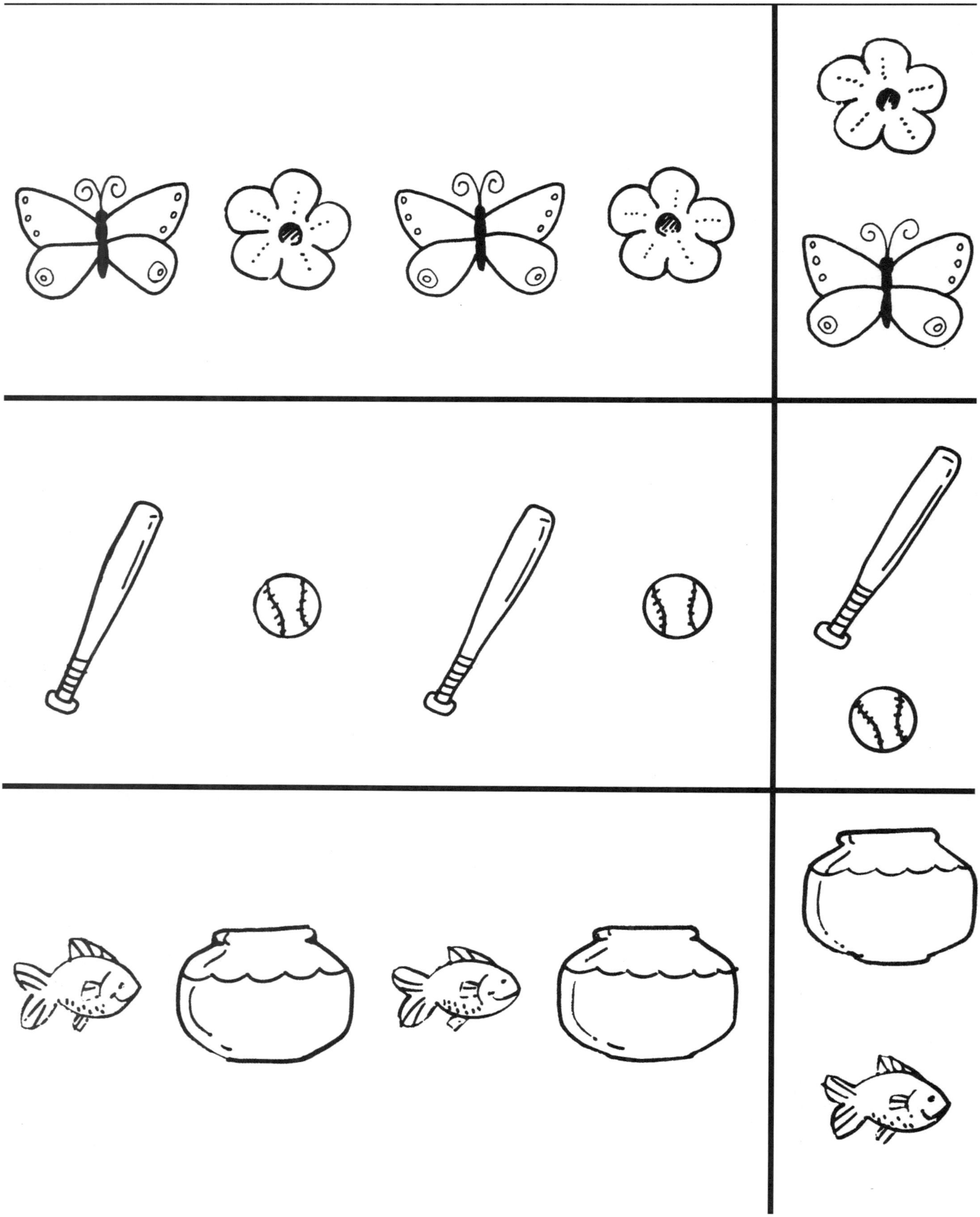

Encierra el dibujo a la derecha que continuaría el patrón.
DESTREZA: PATRONES

Encierra el dibujo a la derecha que continuaría el patrón.

DESTREZA: PATRONES

Encierra el dibujo a la derecha que continuaría el patrón.
DESTREZA: PATRONES

| | | | |
|---|---|---|---|
| m | a | m | a<br>m |
| p | a | p | p<br>a |
| t | i | t | i<br>t |

EVALUACION

Encierra el dibujo a la derecha que continuaría el patrón.

DESTREZA: PATRONES

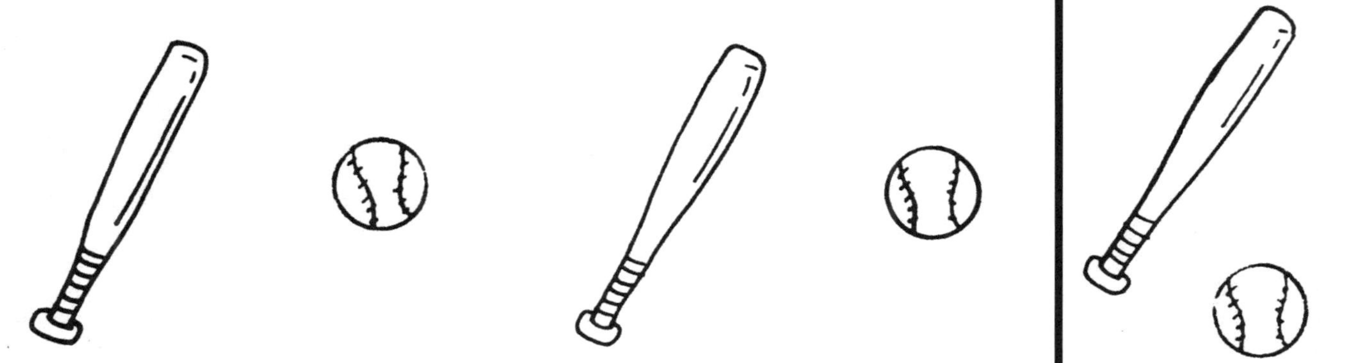

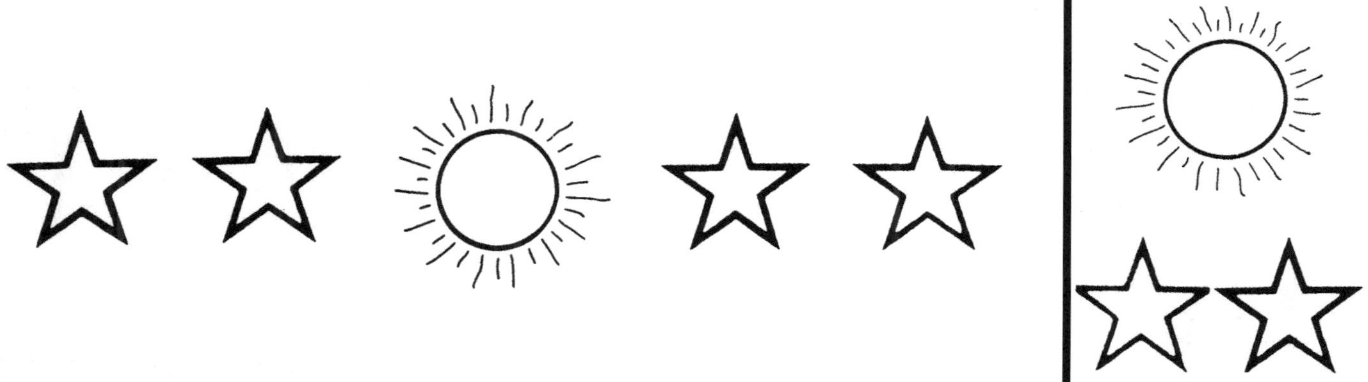

p a p | a p

m a m | m a

Marca con una X el grupo que es igual al primer dibujo.
DESTREZA: ORDEN

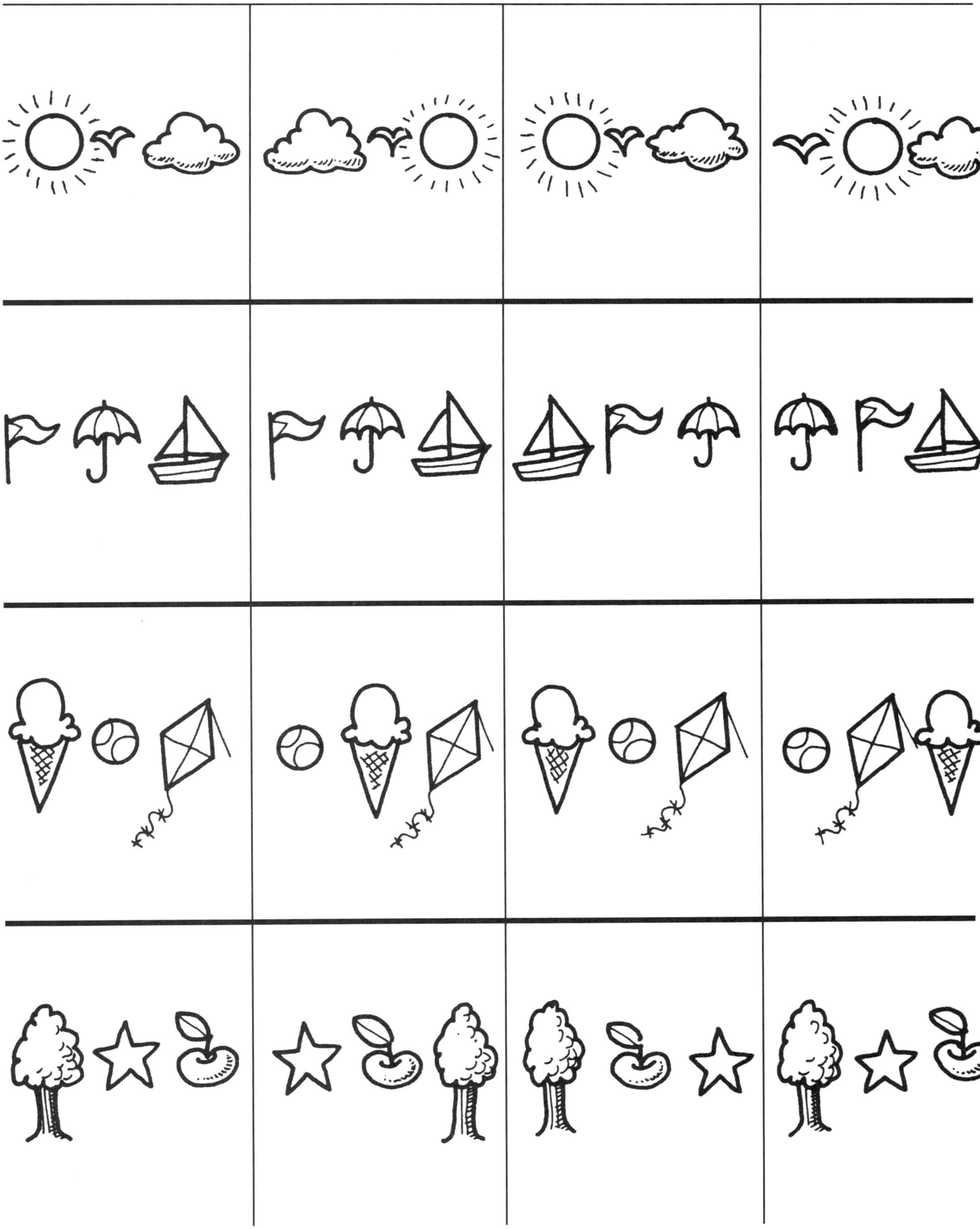

Marca con una X el grupo que es igual al primer dibujo.

DESTREZA: ORDEN

Marca con una X el grupo que es igual al primer dibujo.
DESTREZA: ORDEN

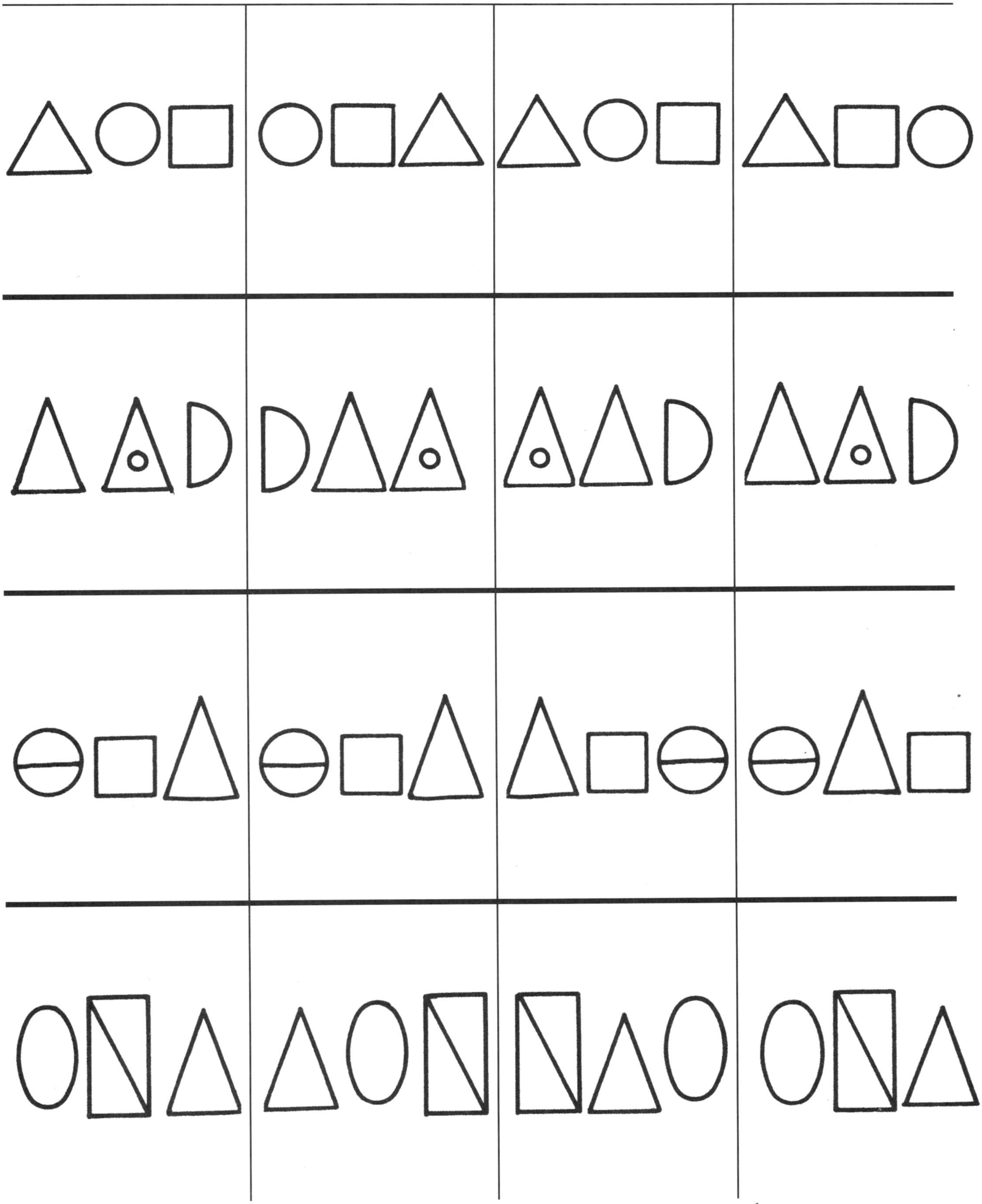

Marca con una X el grupo que es igual al primer dibujo.

DESTREZA: ORDEN

Marca con una X el grupo de letras que es igual al primero.
DESTREZA: ORDEN

| | | | |
|---|---|---|---|
| aeu | uea | aeu | eua |
| boo | boo | oob | obo |
| dpi | ipd | dip | dpi |
| upa | pua | upa | apu |

Marca con una X la palabra que es igual a la primera.
DESTREZA: ORDEN

| | | | |
|---|---|---|---|
| mamá | papá | mamá | Tito |
| Tito | Tito | papá | mamá |
| papá | Rosa | Mota | papá |
| Rosa | Mota | Rosa | mamá |

EVALUACION

Marca con una X el grupo que es igual al primer dibujo.

DESTREZA: ORDEN

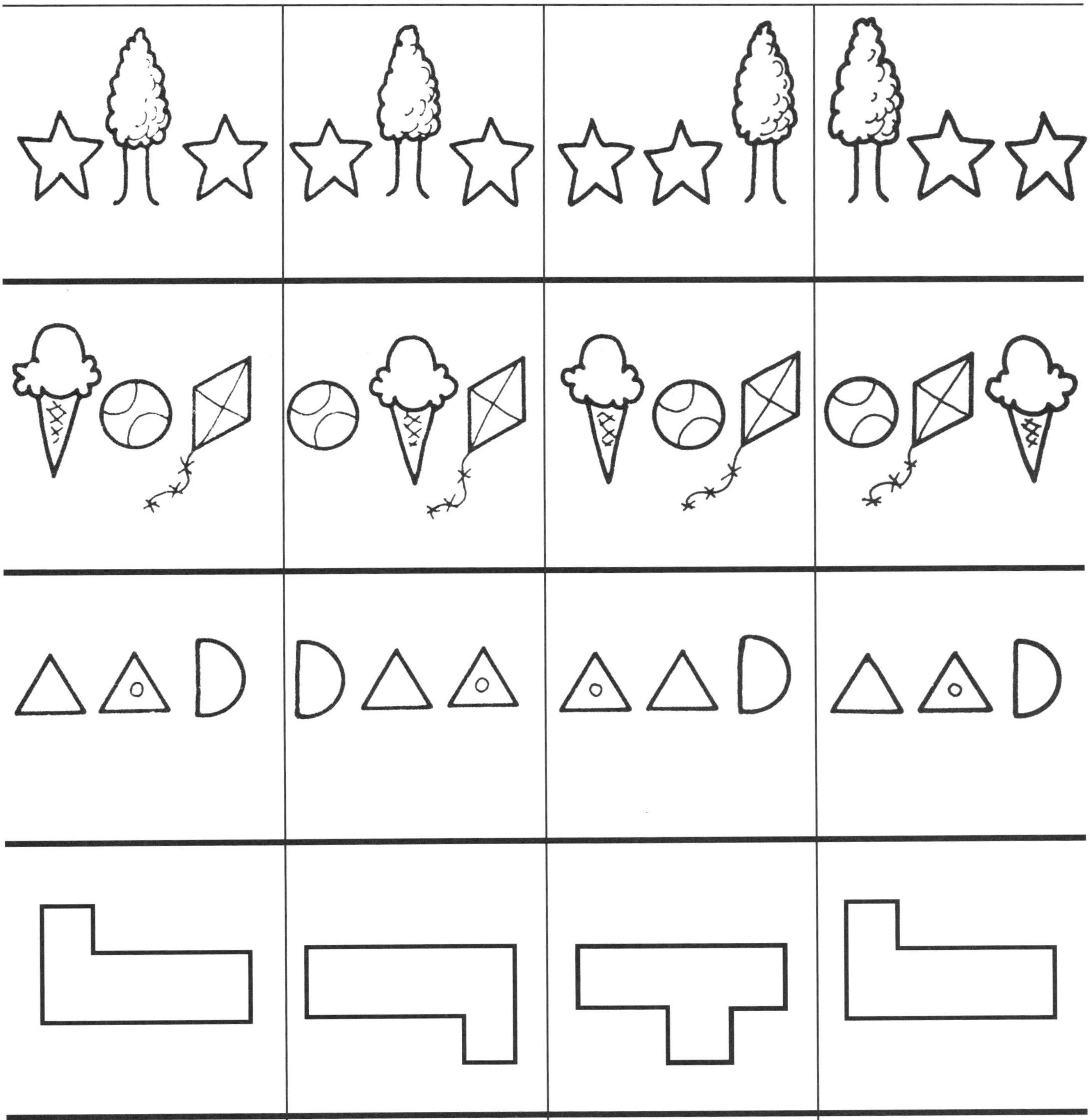

| | | | |
|---|---|---|---|
| boo | boo | oob | obo |

Colorea a Manuelillo y repite la rima.
DESTREZA: RIMA

Manuelillo, Manuelillo,
¿a dónde vas
con el rastrillo?
Voy al huerto
a buscar
unos cuantos pepinillos.

Colorea los dibujos. Repite sus nombres. ¡Qué bonito riman!
DESTREZA: RIMA

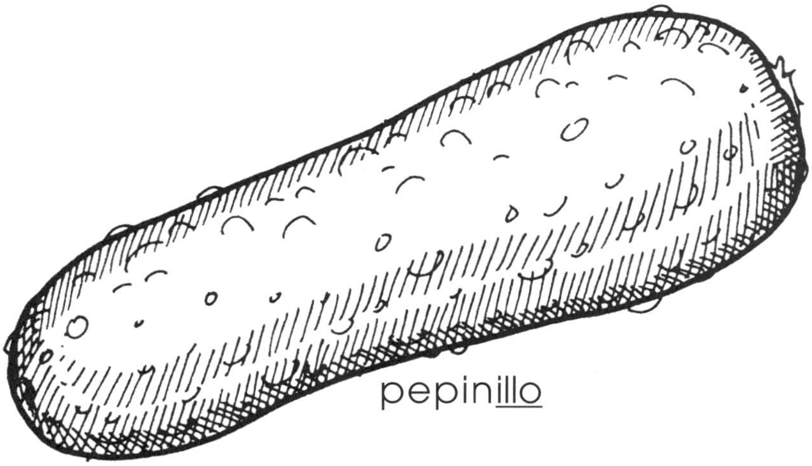

pepinillo

tornillo

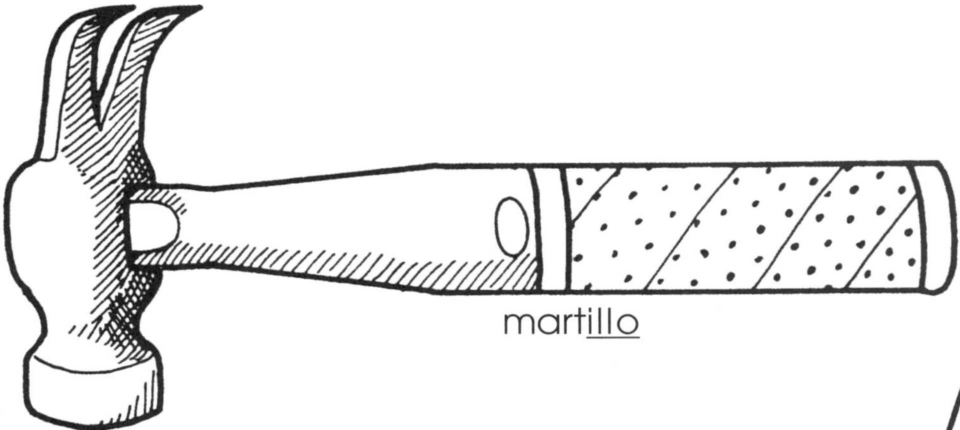

martillo

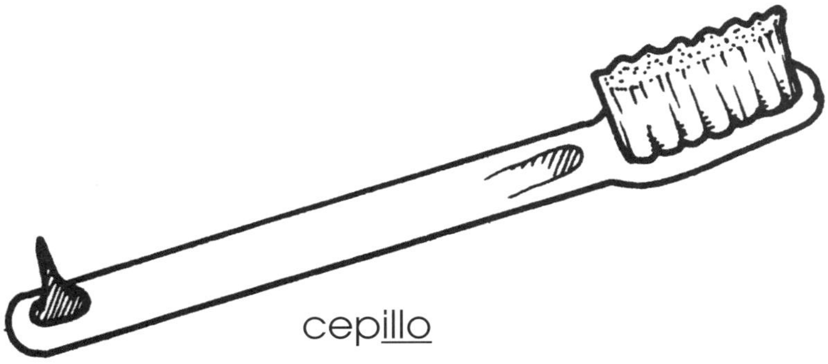

cepillo

rastrillo

Busca los dibujos cuyos nombres riman con el que está en el centro.
DESTREZA: RIMA

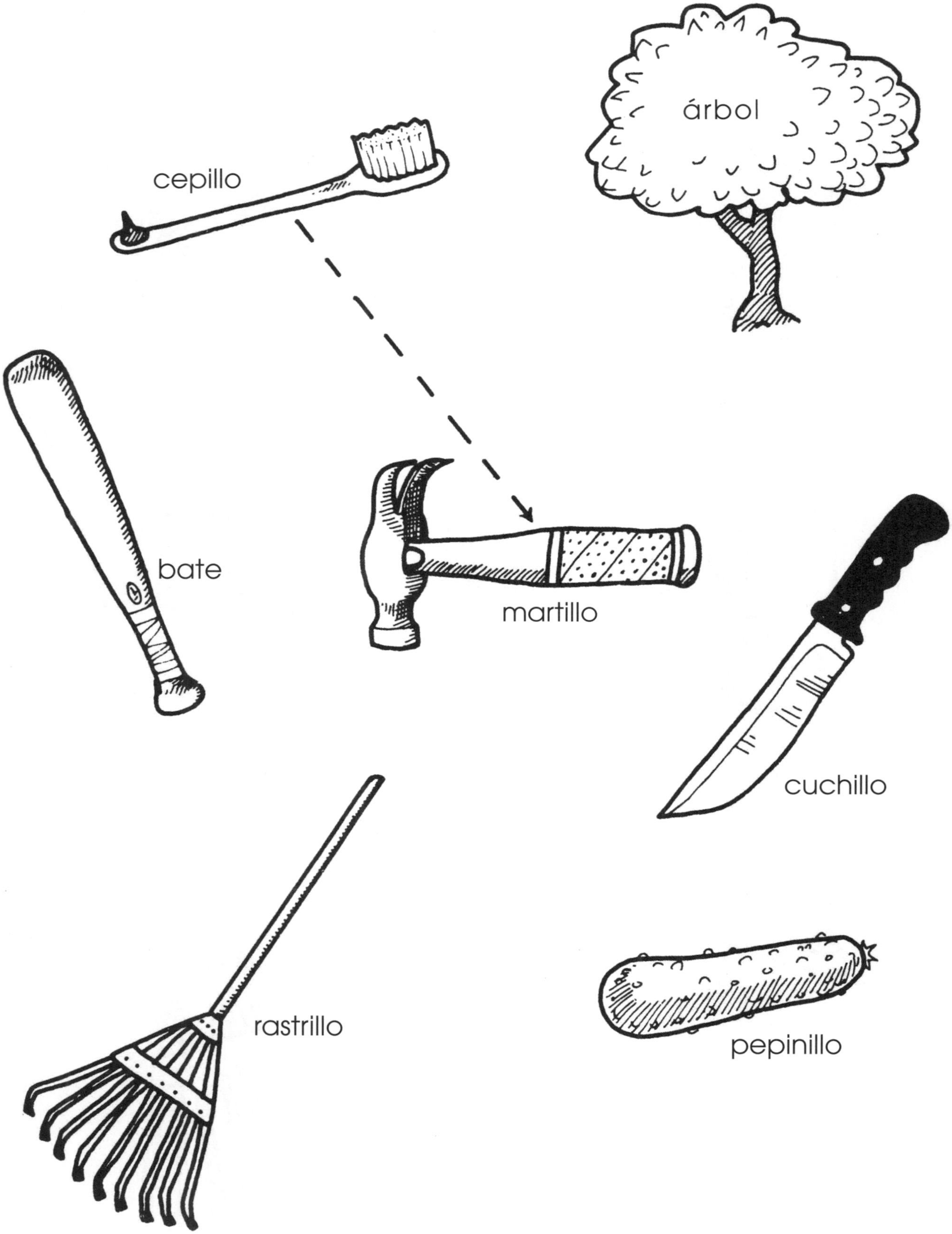

Encierra y colorea los dibujos que rimen con:

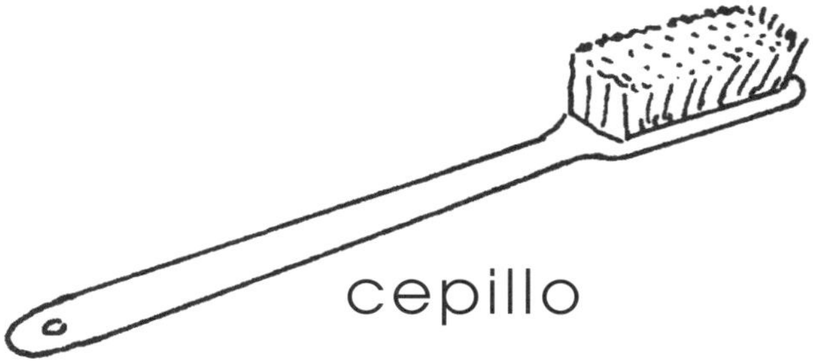

cepillo

---

pepinillo

estrella

rodillo

bola

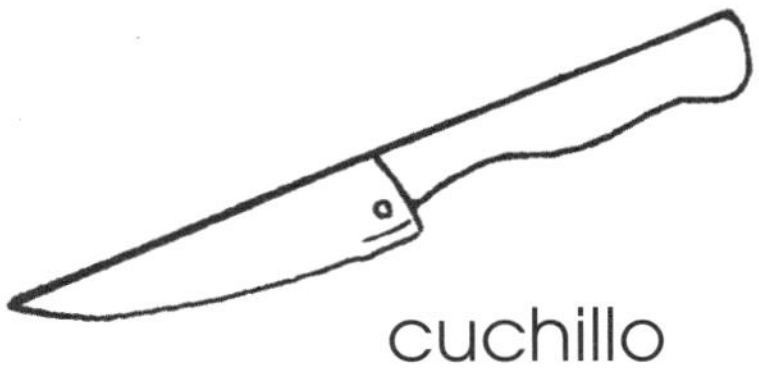

cuchillo

conejo

martillo

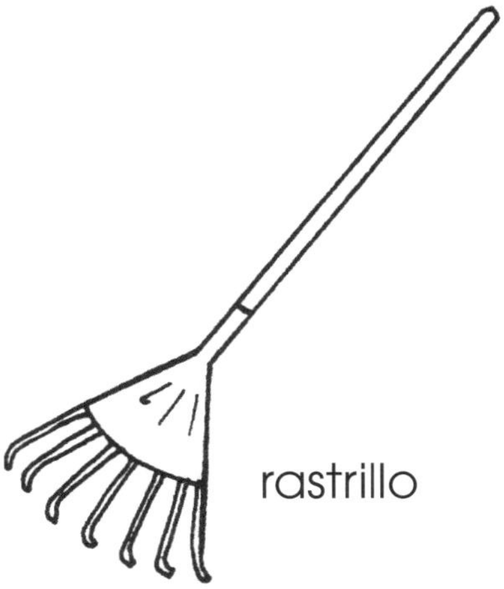

rastrillo

Colorea a Milla y su sombrilla. Repite la rima.
DESTREZA: RIMA

Milla tiene
una sombrilla
bien bonita
y amarilla.
Cada vez que
la va a abrir
se le pilla
un dedo a Milla.

Colorea los dibujos. Repite sus nombres y escucha como riman.
DESTREZA: RIMA

barqui<u>lla</u>

sombri<u>lla</u>

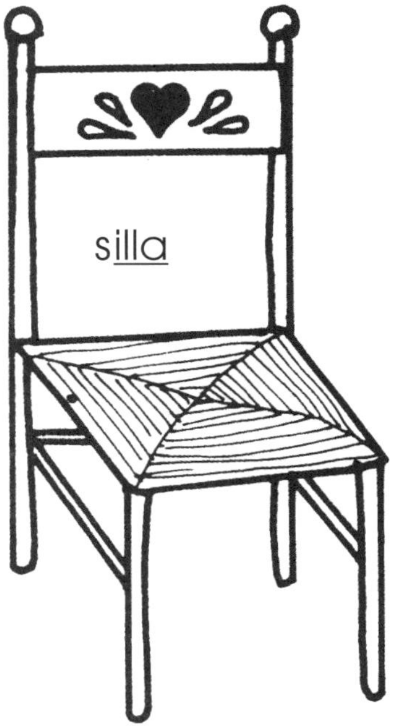


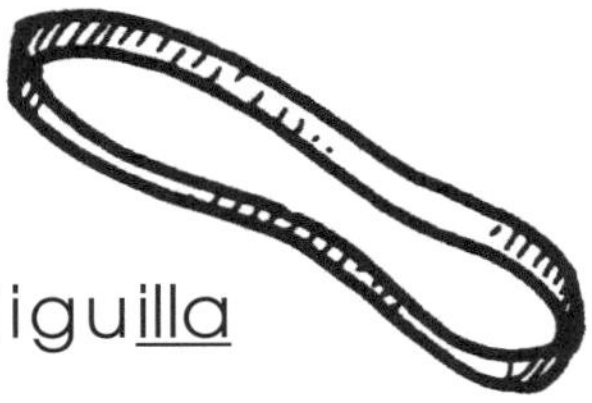

ligui<u>lla</u>

presi<u>lla</u>

bombi<u>lla</u>

pasti<u>lla</u>

ardi<u>lla</u>

Encierra y colorea los dibujos que riman con:

barquilla

Milla

gato

cubo

sombrilla

sol

bombilla

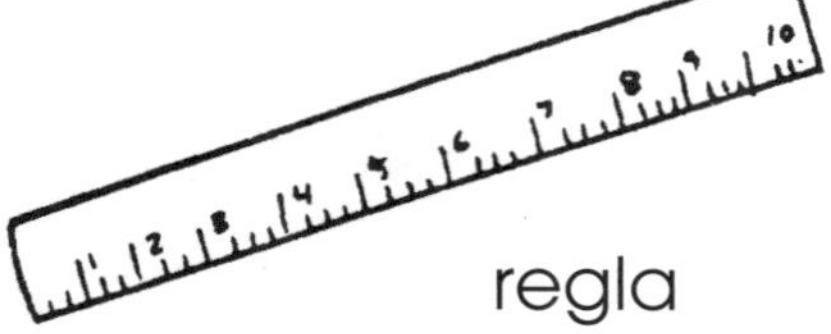

regla

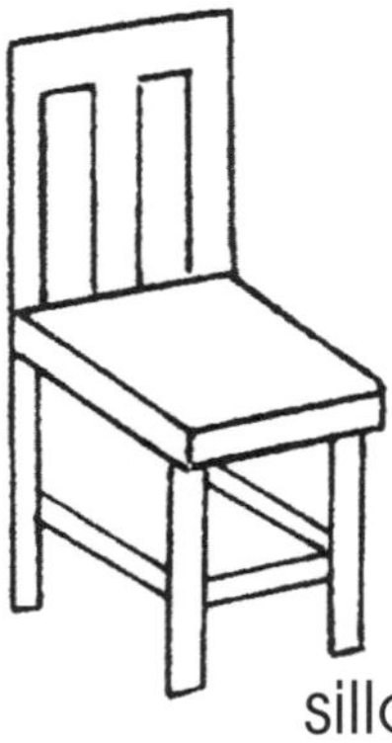

silla

Busca los dibujos cuyos nombres rimen con el que está en el centro.
DESTREZA: RIMA

gato

bombilla

pastilla

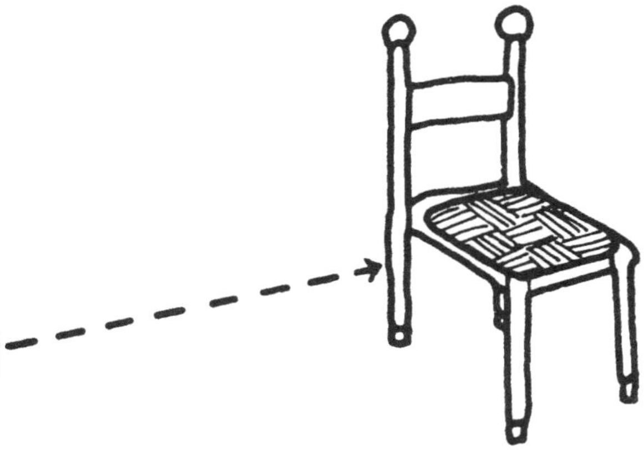

silla

zafacón

barquilla

Marca con una X el dibujo cuyo nombre rime con el primero a la izquierda.
DESTREZA: RIMA

| | | | |
|---|---|---|---|
|  cepillo |  flor | 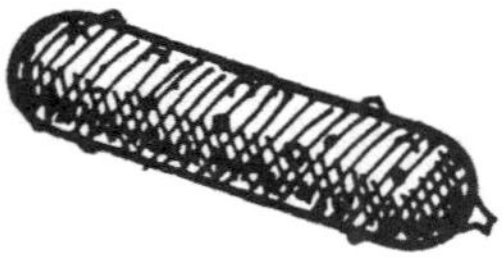 pepinillo |  vaso |
|  barquilla |  peinilla |  corazón |  bola |
| 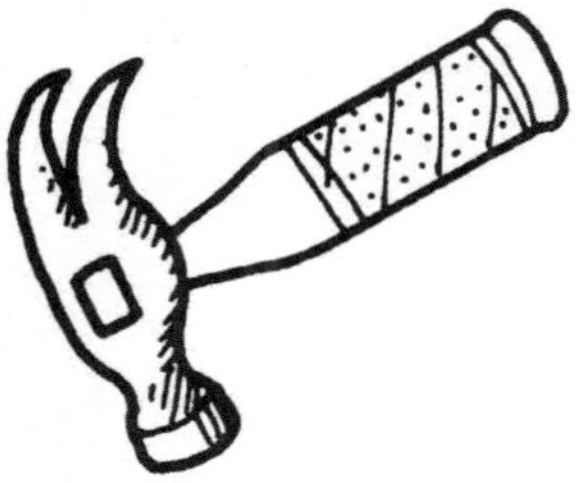 martillo |  árbol |  estrella |  rastrillo |
|  silla |  botón |  pastilla |  taza |

Colorea los dibujos y repite la rima.
DESTREZA: RIMA

Ve y sacude ese florero
con este lindo plumero,
y las flores me las traerás
que las pondré en mi sombrero.

Colorea los dibujos y repite sus nombres. ¿Verdad que riman?

DESTREZA: RIMA

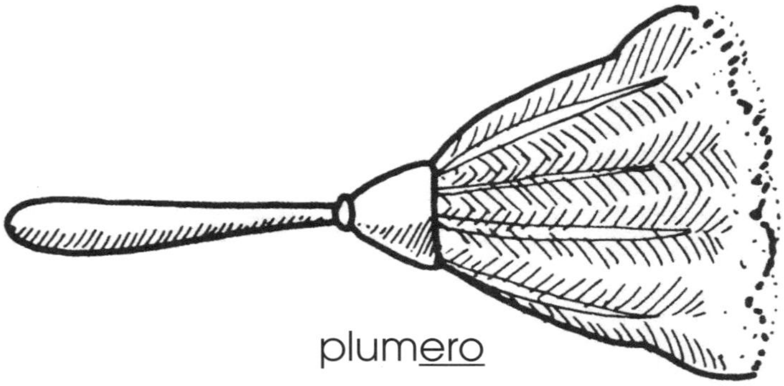

plumero

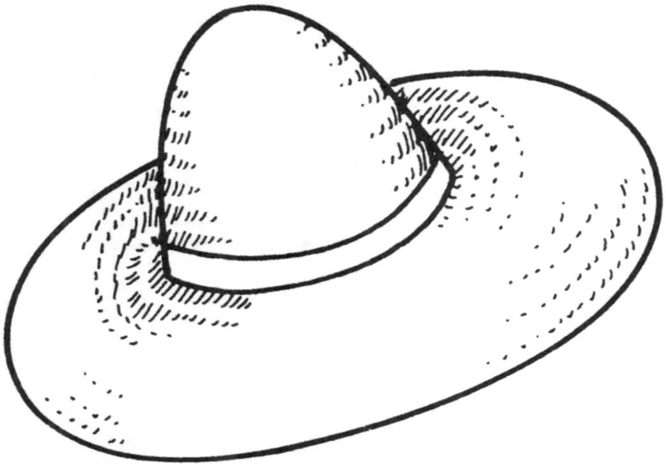

sombrero

babero

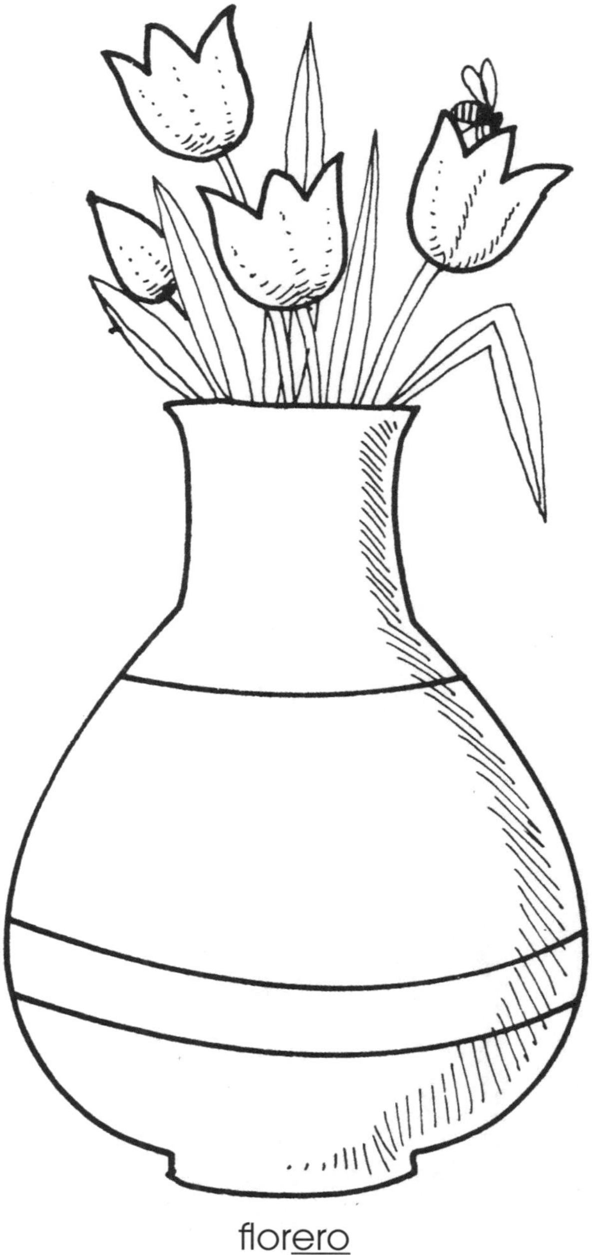

florero

Encierra y colorea los dibujos que riman con:

sombrero

---

cartera

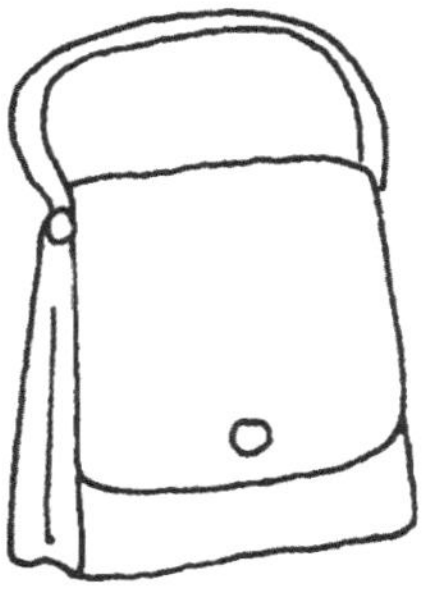

pelotero

manzana

florero

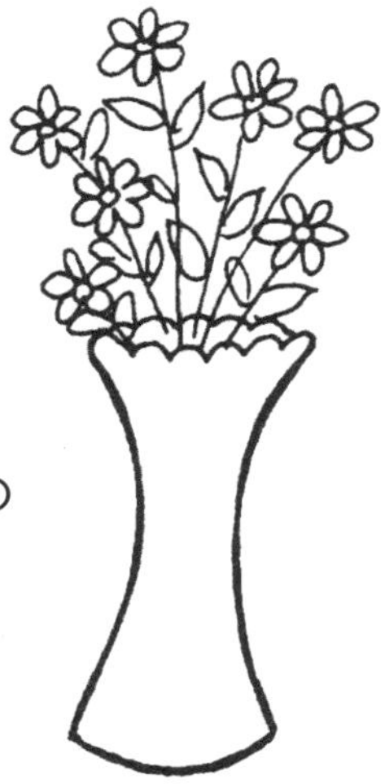

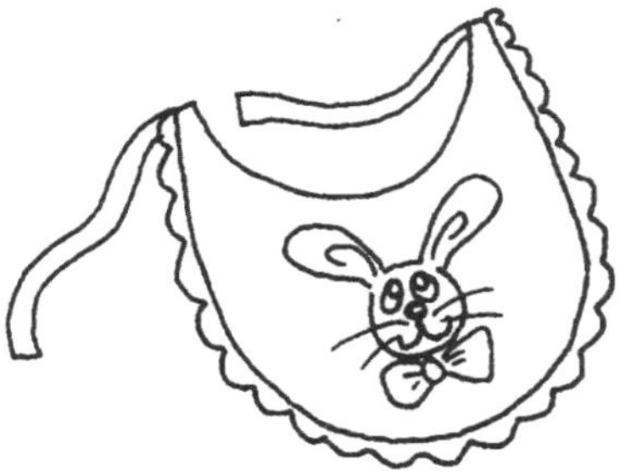

babero

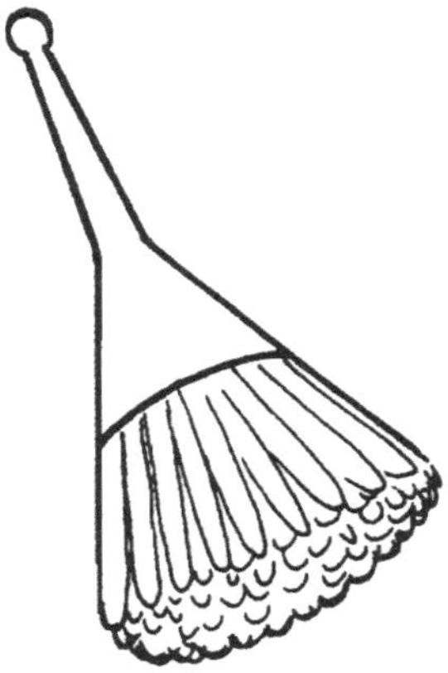

presilla

plumero

Busca los dibujos cuyos nombres rimen con el que está en el centro.

DESTREZA: RIMA

barquilla

corazón

florero

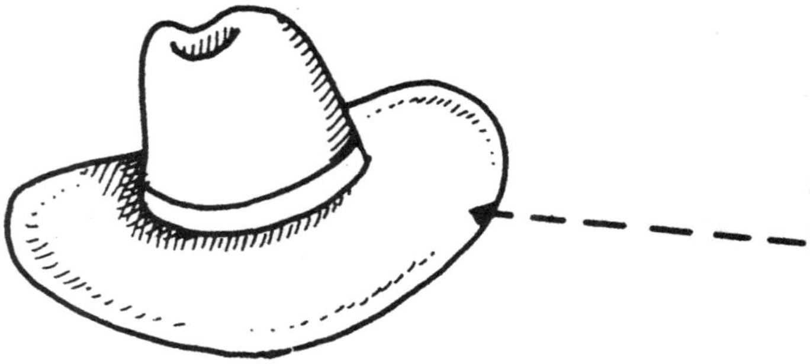

sombrero

china

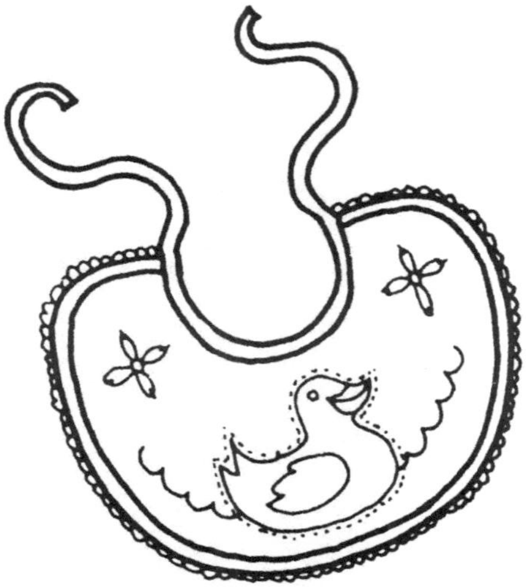

babero

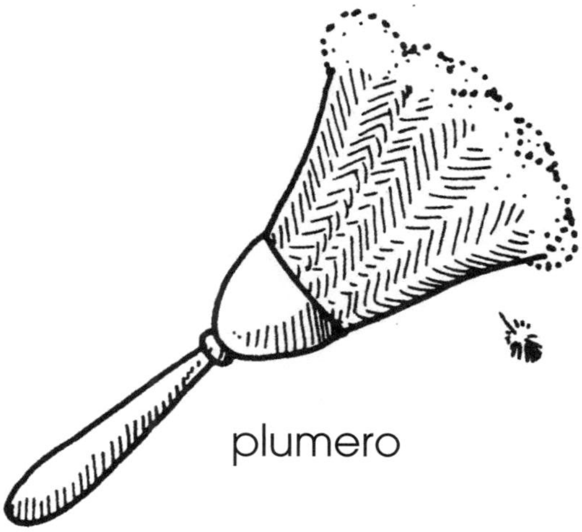

plumero

Colorea los dibujos y repite sus nombres. ¿Oyes cómo riman?
DESTREZA: RIMA

tambor

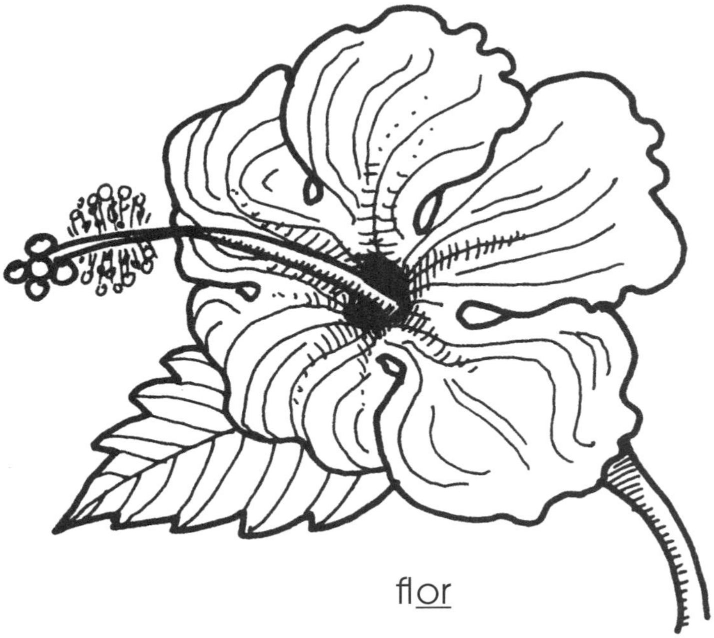

flor

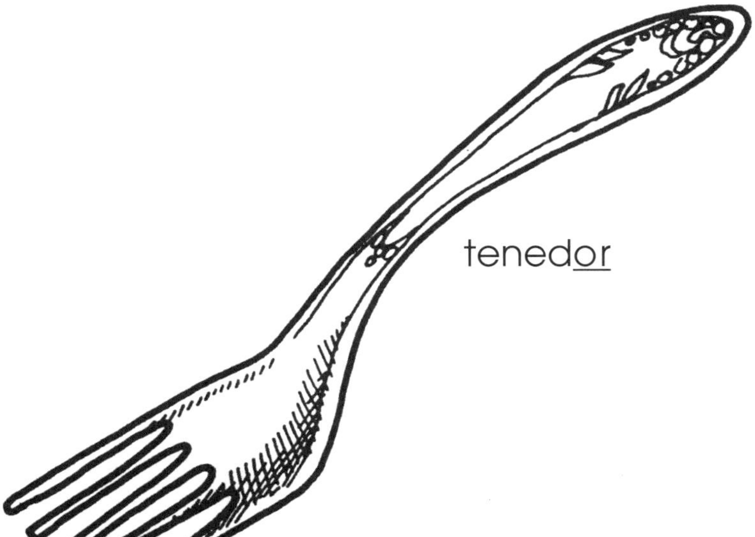

tenedor

destornillador

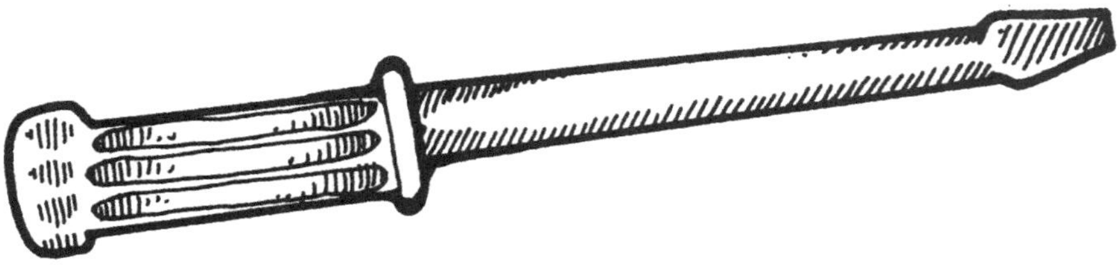

Busca los dibujos cuyos nombres rimen con el que está en el centro.
DESTREZA: RIMA

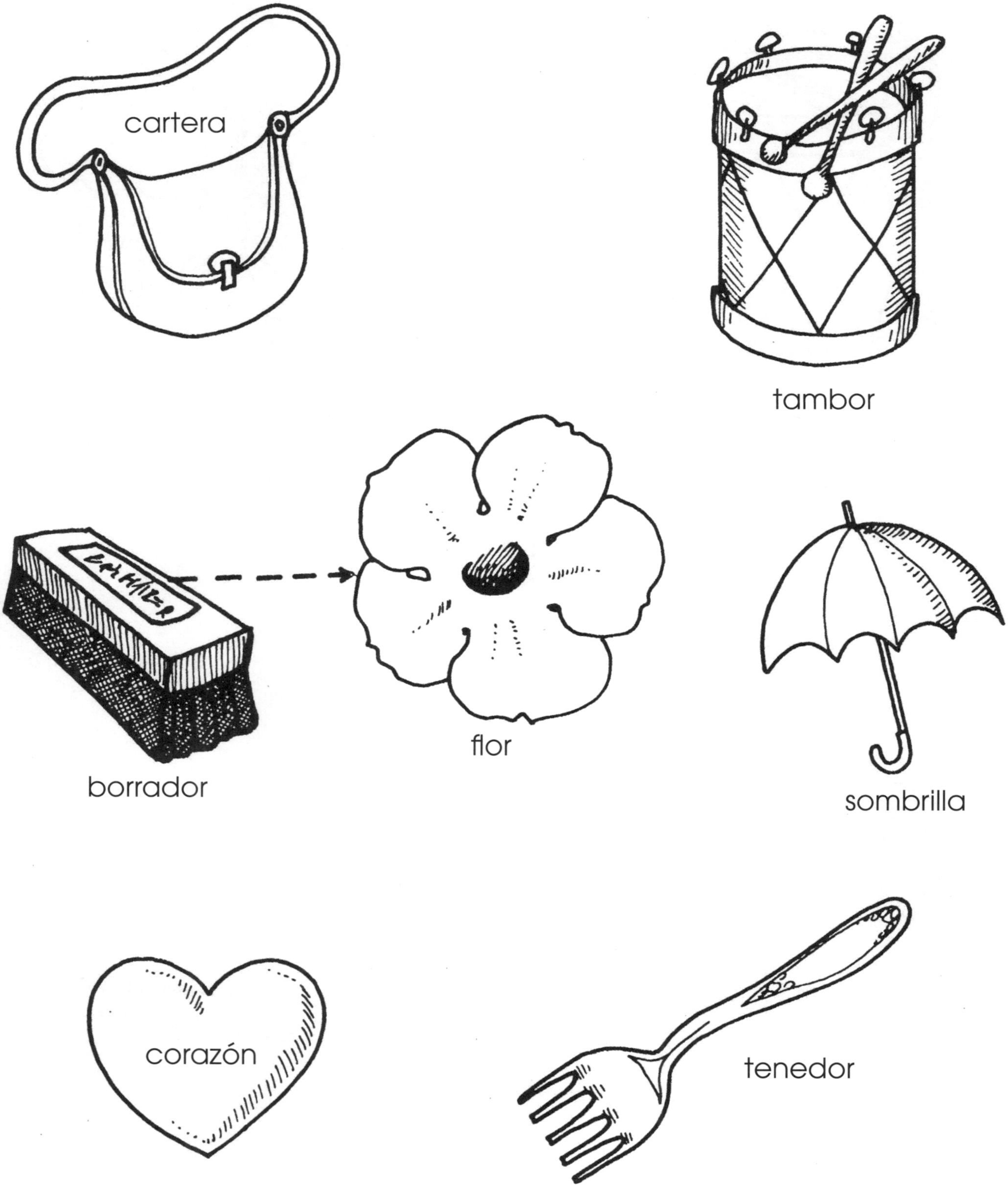

Marca con una X el dibujo cuyo nombre rime con el primero a la izquierda.
DESTREZA: RIMA

sombrero

china

babero

sol

tambor

borrador

botón

corazones

florero

flor

barquilla

plumero

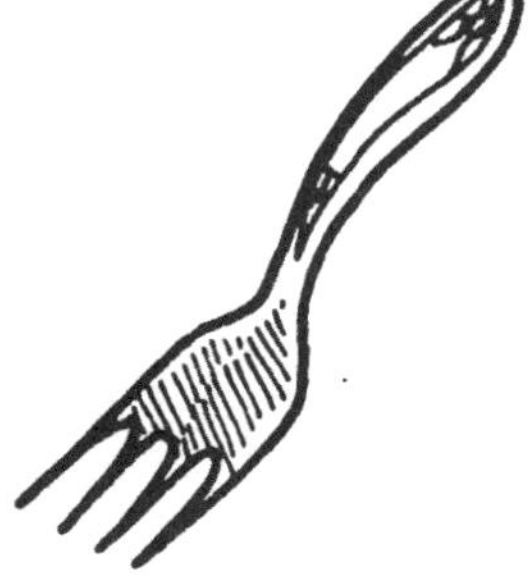
tenedor

manzana

flor

peinilla

Encierra y colorea los dibujos que riman con:

flor

tambor

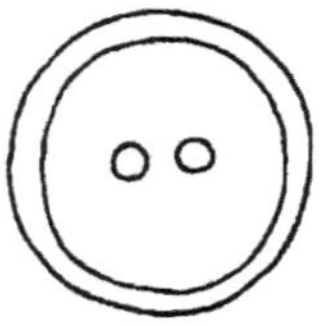

botón

presilla

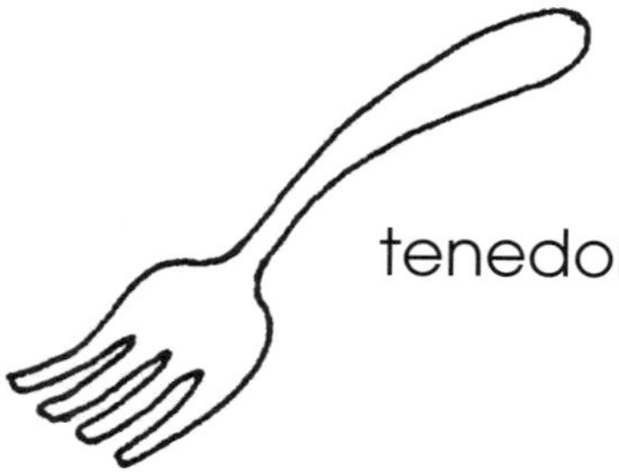

tenedor

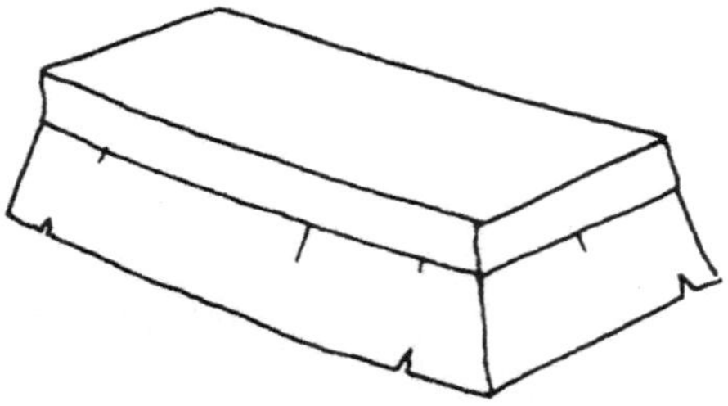

borrador

corazón

Colorea los dibujos y repite la rima.
DESTREZA: RIMA

Por allí pasó un ratón
era grande y cabezón
seguro que iba huyendo
del gatazo Zapirón.

Colorea los dibujos y repite sus nombres. ¿Verdad que riman?

DESTREZA: RIMA

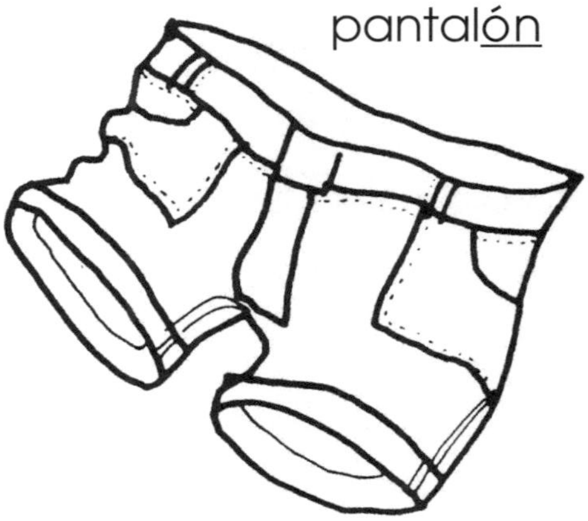


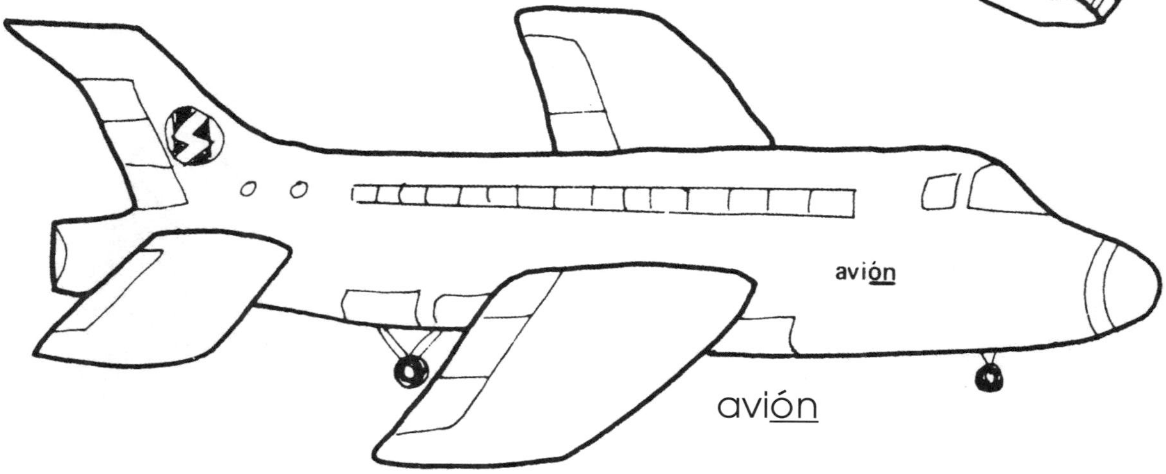


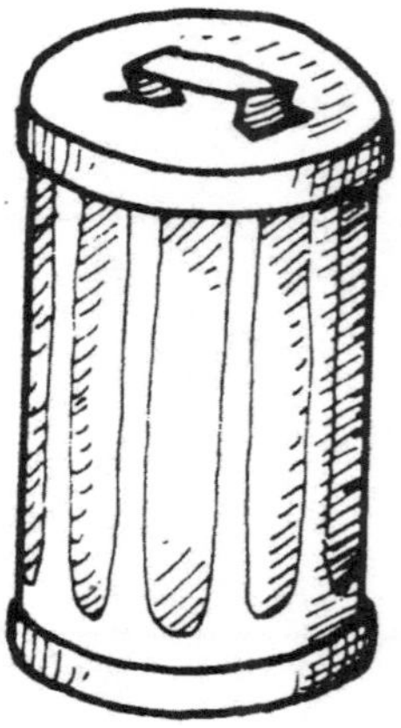


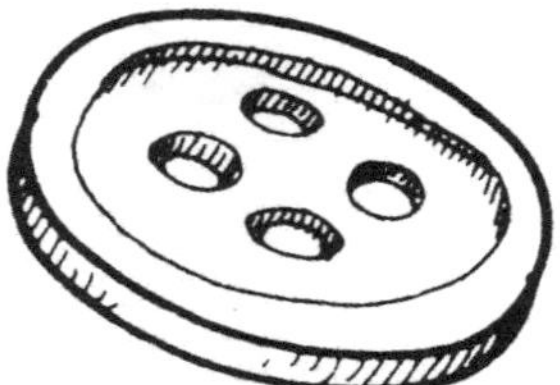

Encierra y colorea los dibujos que riman con:

corazón

---

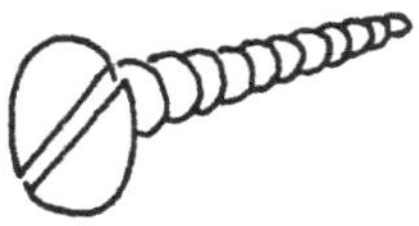

tornillo

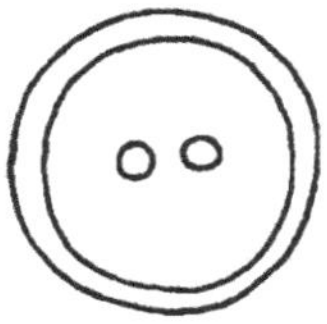

botón

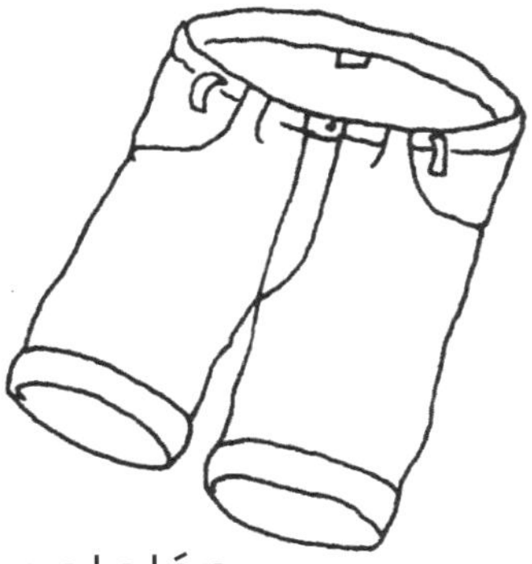

pantalón

flor

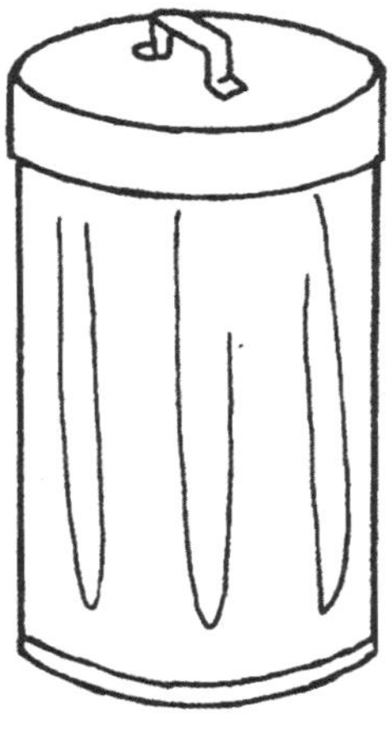

zafacón

ratón

gato

Busca los dibujos cuyos nombres rimen con el que está en el centro.

DESTREZA: RIMA

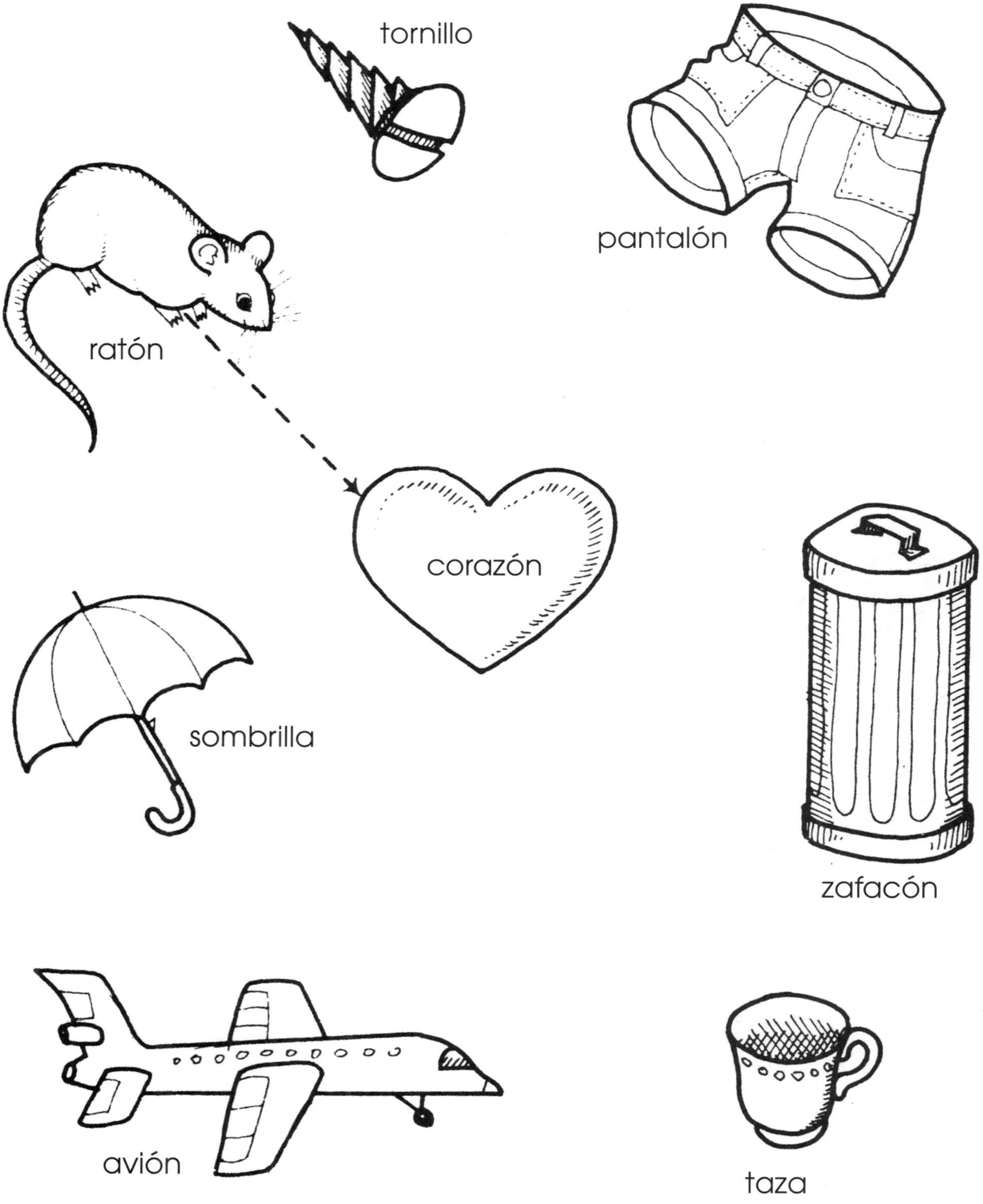

Colorea los dibujos y repite la rima.
DESTREZA: RIMA

¡Qué bonita es mi bandera
en lo alto de la escuela!
Para llegar hasta ella
necesito una escalera.

Colorea los dibujos y repite sus nombres. ¿Verdad que riman?

DESTREZA: RIMA

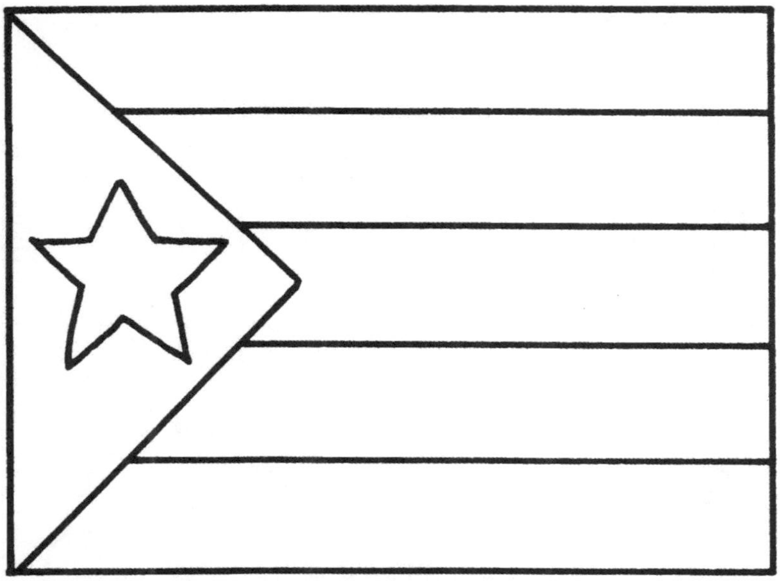

bandera

escalera

manguera

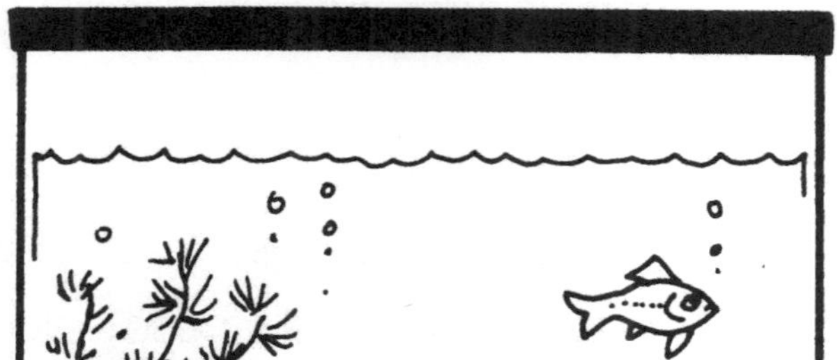

pecera

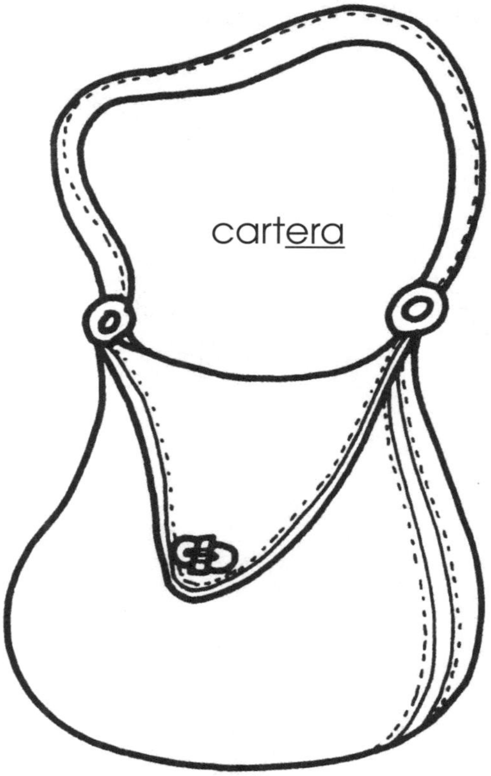

cartera

Busca los dibujos cuyos nombres rimen con el que está en el centro.
DESTREZA: RIMA

Encierra y colorea los dibujos que riman con:

pecera

aves

estrella

regadera

gorra

bandera

escalera

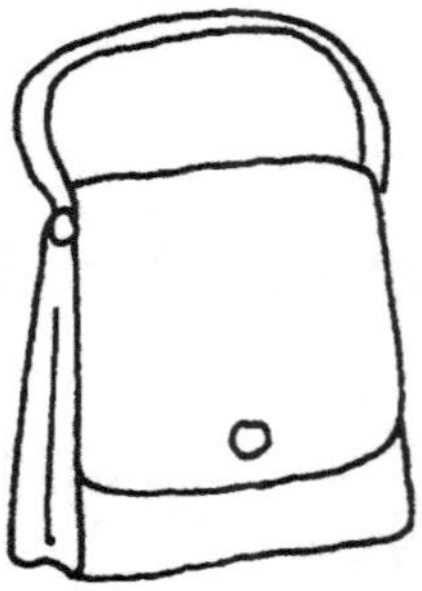

cartera

libro

Colorea los dibujos y repite la rima.
DESTREZA: RIMA

La abuela trajo un cojín
la tía trajo un botín
cada cual le trajo algo
al bebito de Carmín.

Colorea los dibujos y repite sus nombres. ¿Oyes cómo riman?
DESTREZA: RIMA

botín

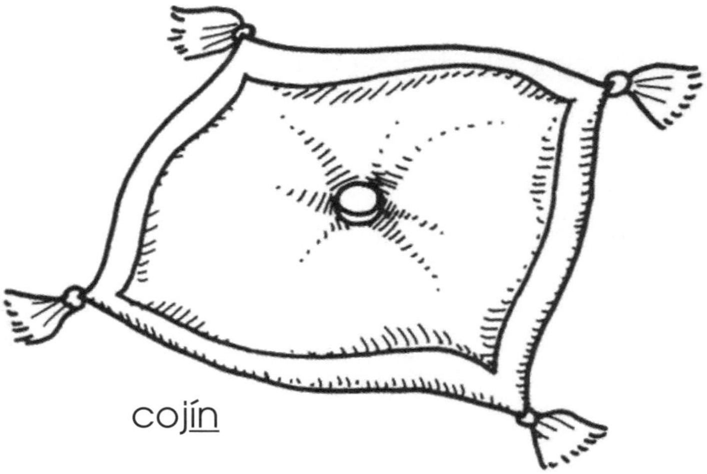

cojín

violín

patín

botiquín

Encierra y colorea los dibujos que riman con:

violín

botín

tenedor

Carmín

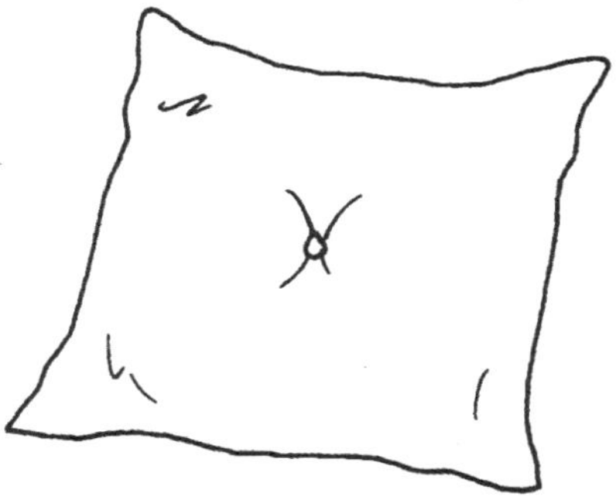

cojín

patín

bandera

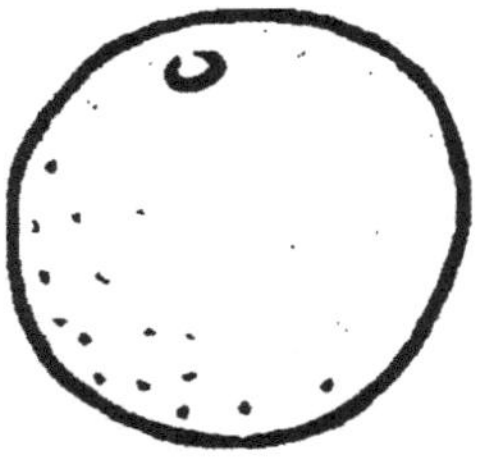

china

Busca los dibujos cuyos nombres rimen con el que está en el centro.

DESTREZA: RIMA

estrella

manzana

botiquín

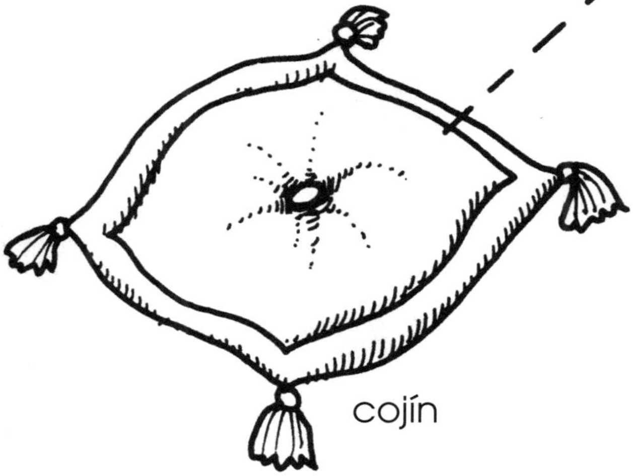

cojín

tenedor

sombrero

botón

botín

patín

Colorea los dibujos y repite la rima.
DESTREZA: RIMA

Se quiere librar del sol
este lindo caracol
y sólo encuentra refugio
debajo de una gan col.

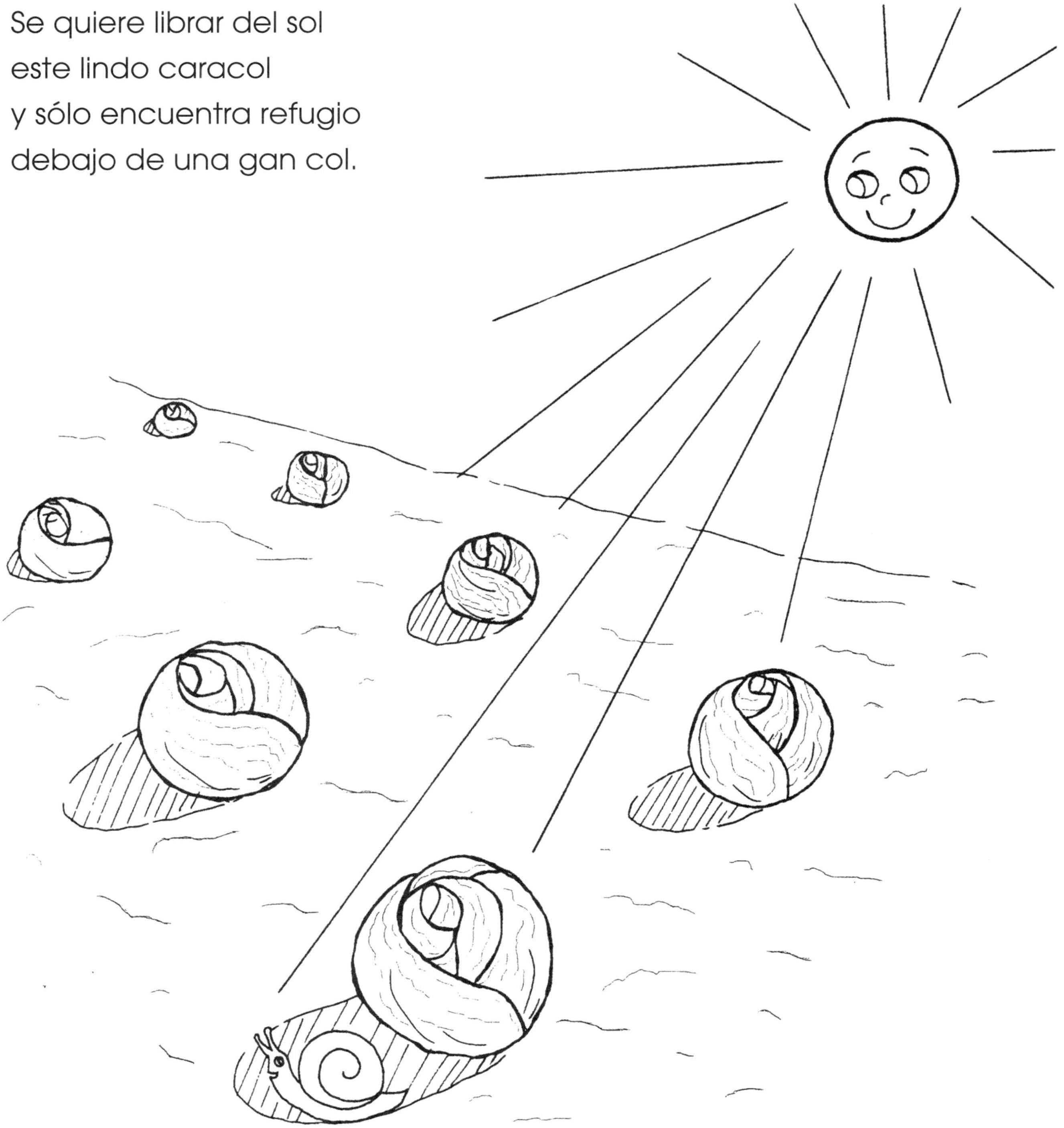

Colorea los dibujos y repite sus nombres. ¿Verdad que riman?
DESTREZA: RIMA

sol

girasol

caracol

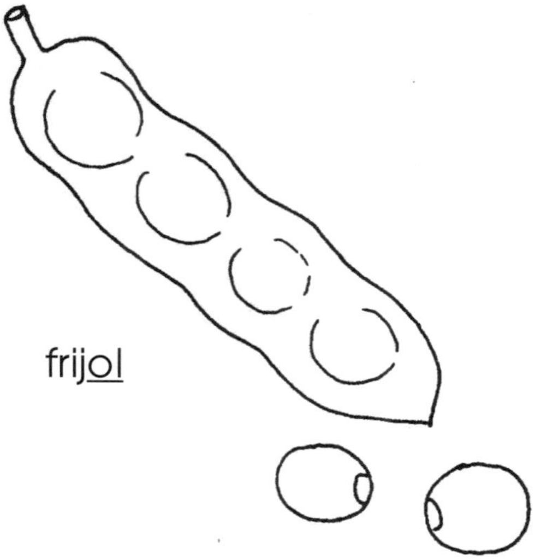

frijol

col

Busca los dibujos cuyos nombres rimen con el que está en el centro.
DESTREZA: RIMA

col

flor

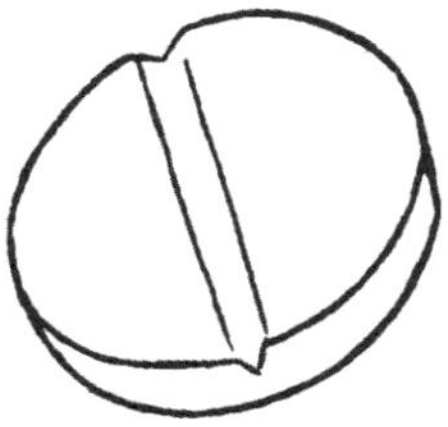
pastilla

corazón

sol

pecera

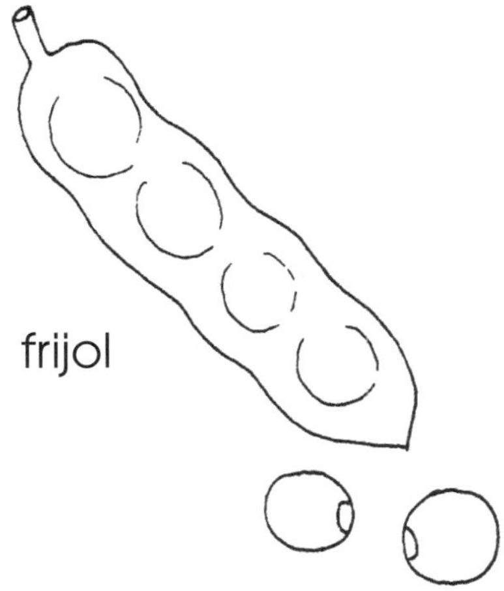
frijol

caracol

Encierra y colorea los dibujos que riman con:

caracol

---

chiringa

barquilla

sol

luna

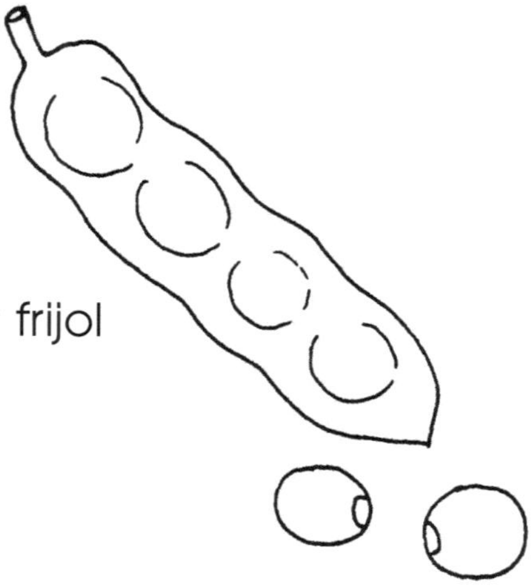

frijol

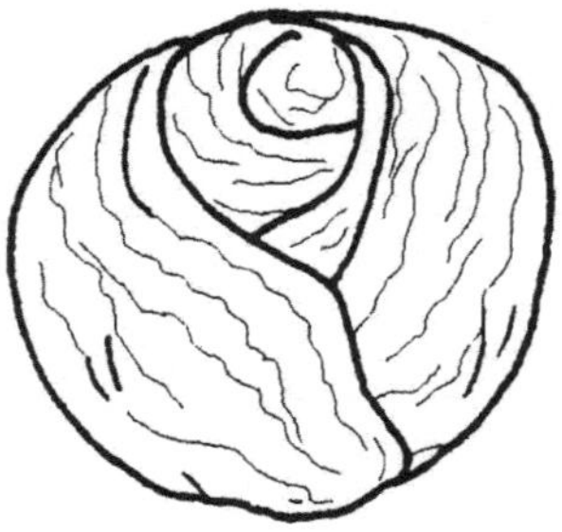

col

Colorea los dibujos y repite la rima.
DESTREZA: RIMA

El pajarito
canta en la rama,
lo oye la dama
que está en la cama.

Colorea los dibujos y repite sus nombres. ¿Verdad que riman?
DESTREZA: RIMA

ra<u>ma</u>

la<u>ma</u>

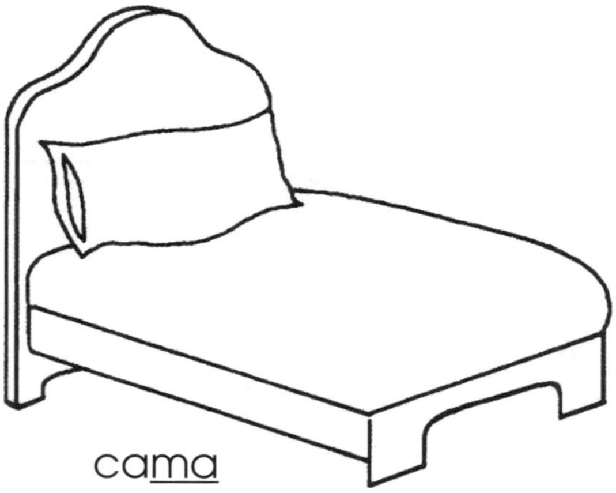
ca<u>ma</u>

da<u>ma</u>

Busca los dibujos cuyos nombres rimen con el que está en el centro.
DESTREZA: RIMA

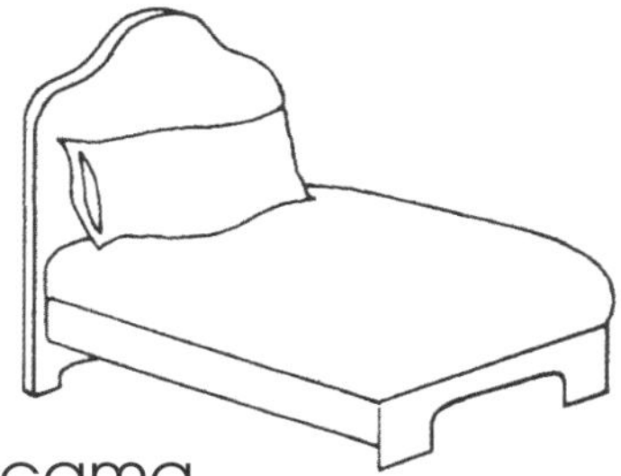

cama

estrella

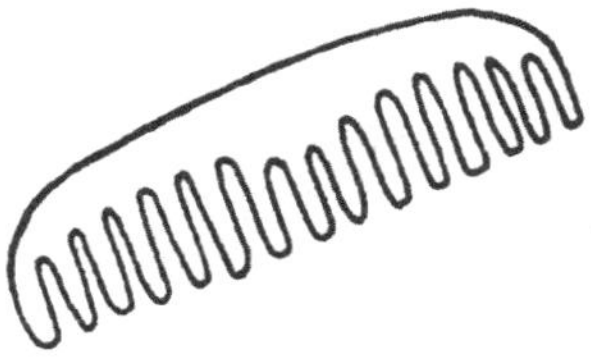

peinilla

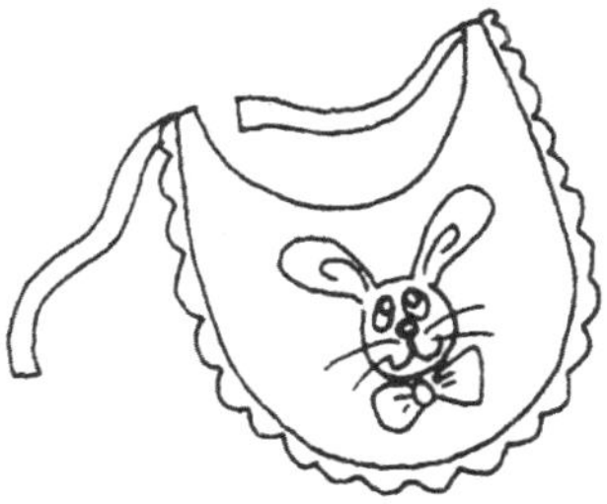

babero

rama

dama

gato

lama

Encierra y colorea los dibujos que riman con:

cama

árbol

peinilla

peinilla

lama

sombrero

dama

Colorea los dibujos y repite la rima.
DESTREZA: RIMA

Tato tiene un gato.
Tato tiene un pato.
Tato también tiene,
un perrito sato.

pato

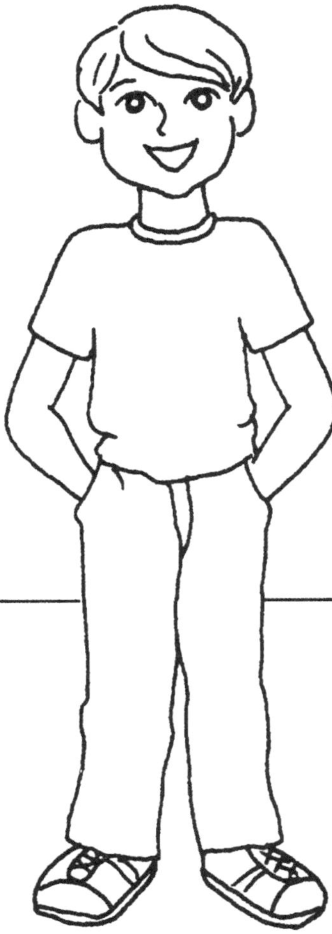

Tato

perrito sato

gato

Colorea los dibujos y repite sus nombres. ¿Verdad que riman?
DESTREZA: RIMA

gato

pato

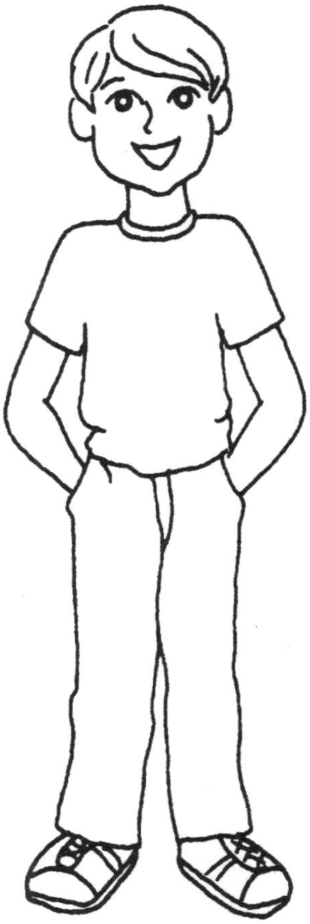

Tato

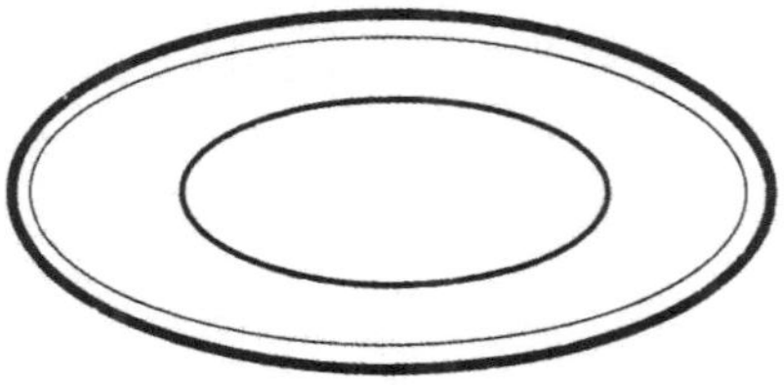

plato

sato

Busca los dibujos cuyos nombres rimen con el que está en el centro.
DESTREZA: RIMA

árbol

barquilla

Tato

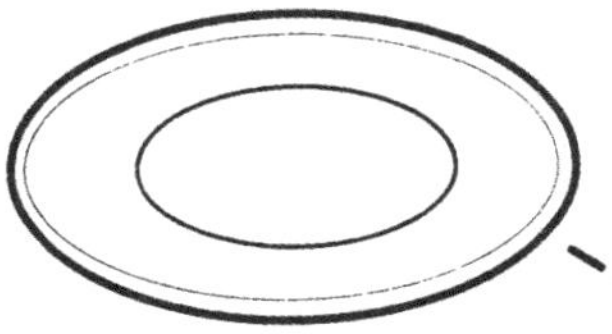
plato

pato

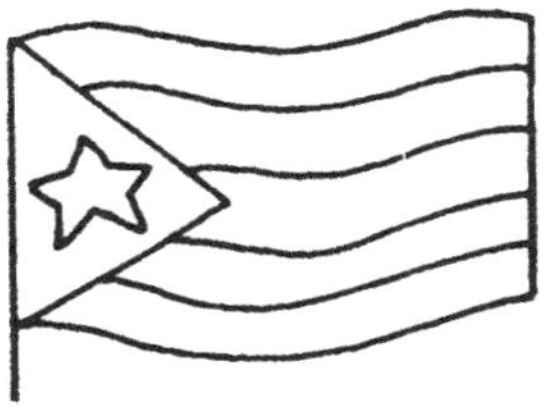
bandera

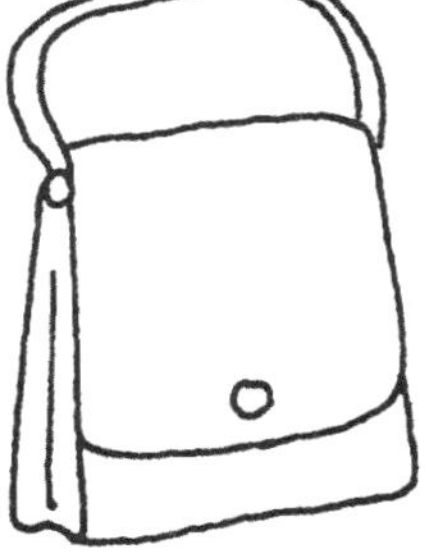
cartera

caracol

gato

Encierra y colorea los dibujos que riman con:

pato

gato

caracol

vaso

Tato

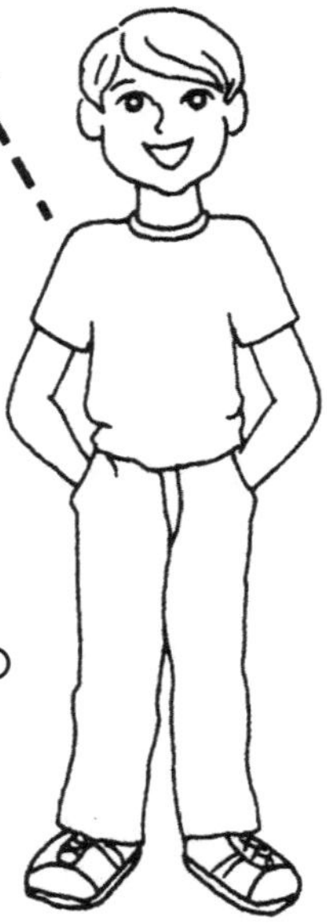

sato

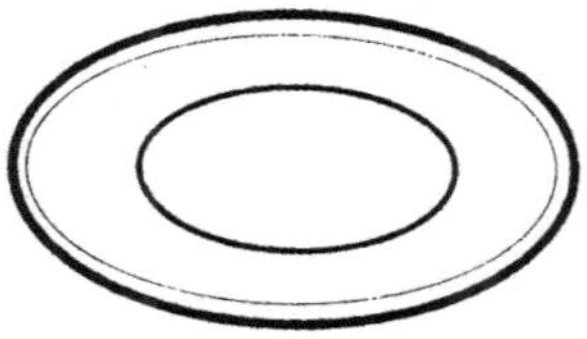

plato

taza

corazón

Asocia los dibujos que riman entre sí.
Repite sus nombres en voz alta. Colorea.
REPASO DESTREZA: RIMA

rodillo

barquilla

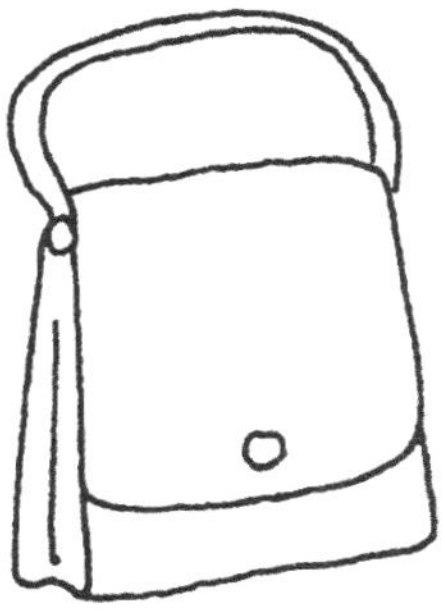

cartera

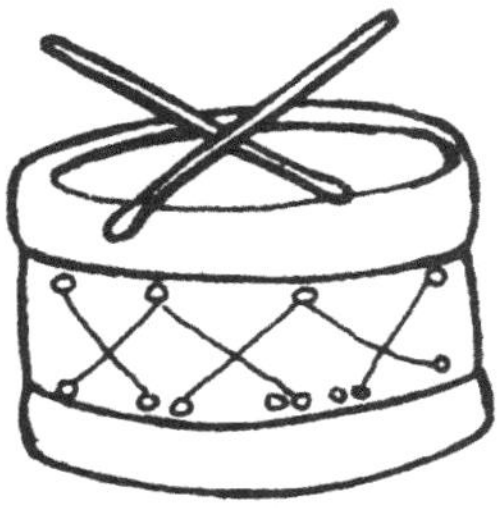

tambor

ratón

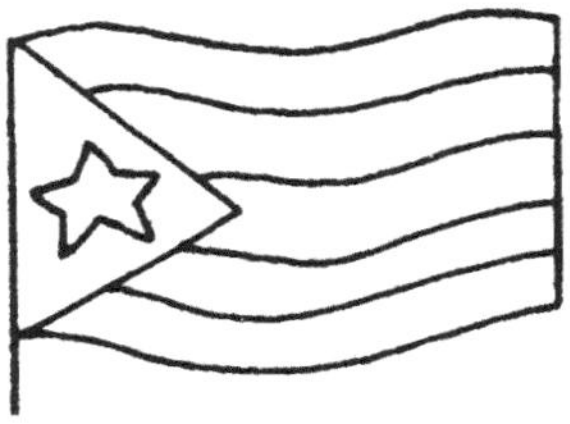

bandera

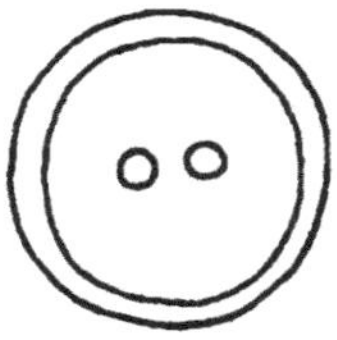

botón

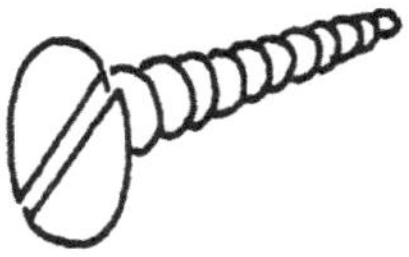

tornillo

sombrilla

tenedor

Asocia los dibujos que riman entre sí.
Repite sus nombres en voz alta. Colorea.
REPASO DESTREZA: RIMA

pelotero

violín

caracol

lama

pato

cama

gato

sombrero

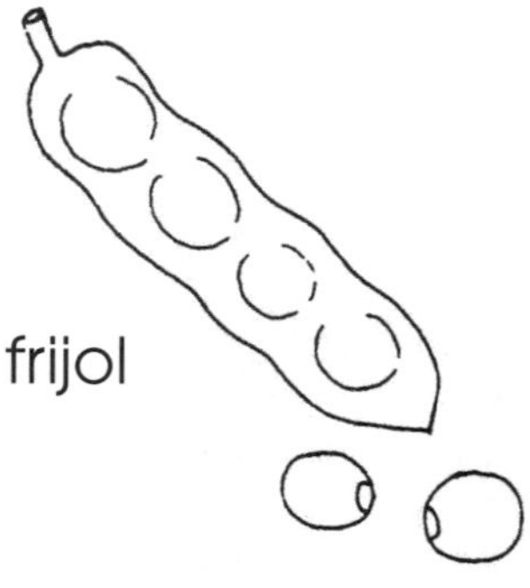
frijol

Carmín

Encierra y colorea los dibujos que riman con el dibujo a la izquierda.
DESTREZA: RIMA

sol

caracol

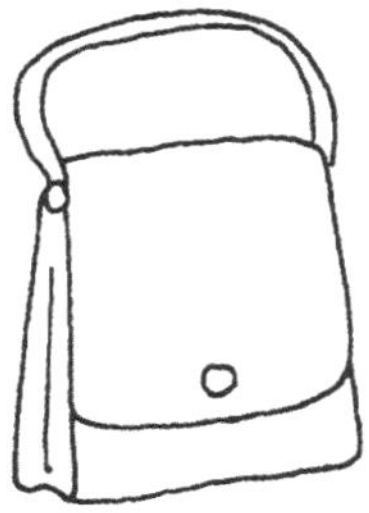
cartera

bombilla

ratón

sombrero

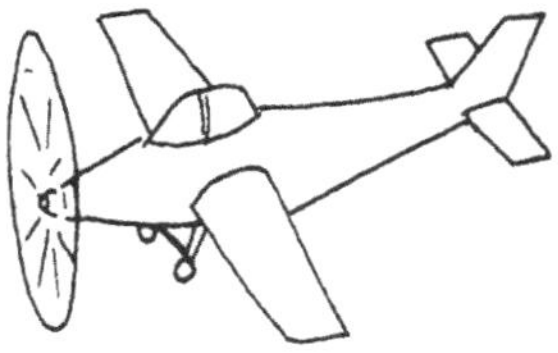
avión

sato

pato

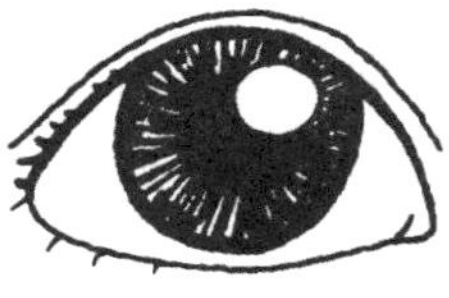
ojo

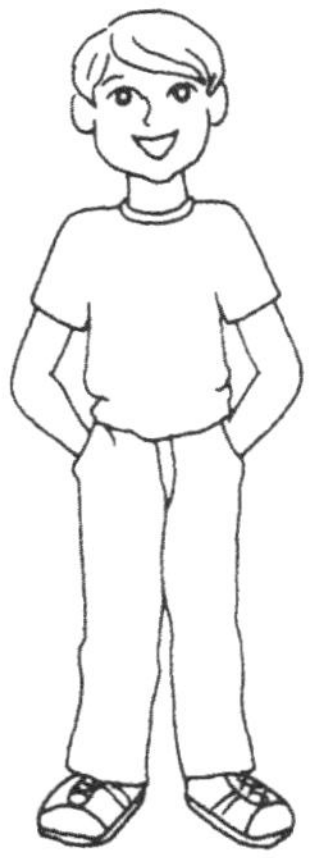
Tato

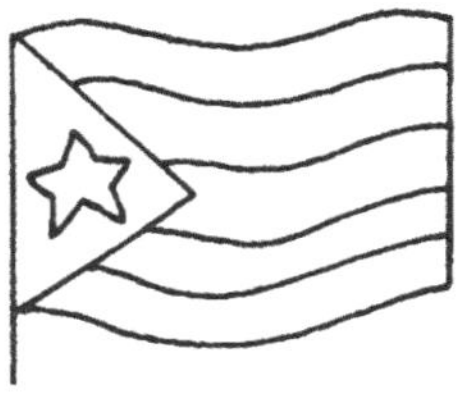
bandera

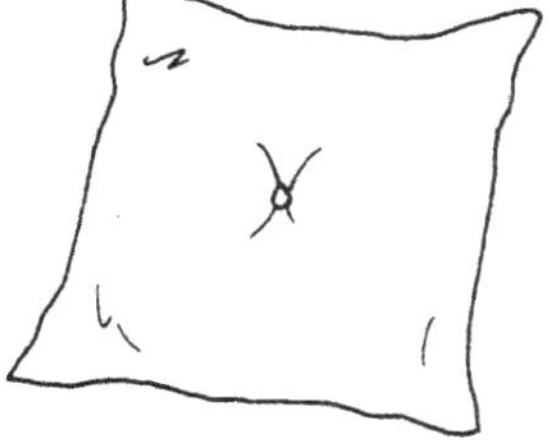
cojín

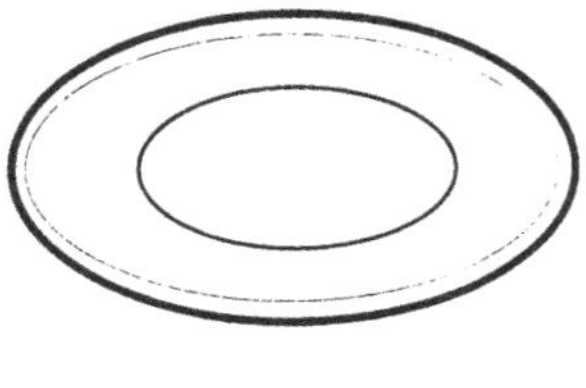
plato

manzana

Carmín

Ejercicio de Evaluación

Busca el dibujo cuyo nombre rime con el primero a la izquierda.

DESTREZA: RIMA

| | | | |
|---|---|---|---|
| <br>corazón | <br>chiringa | <br>botón | <br>barquilla |
| 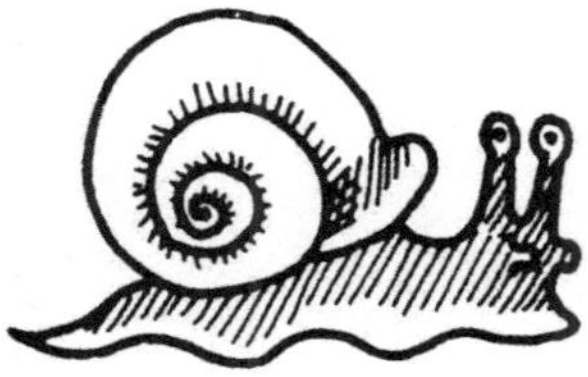<br>caracol | 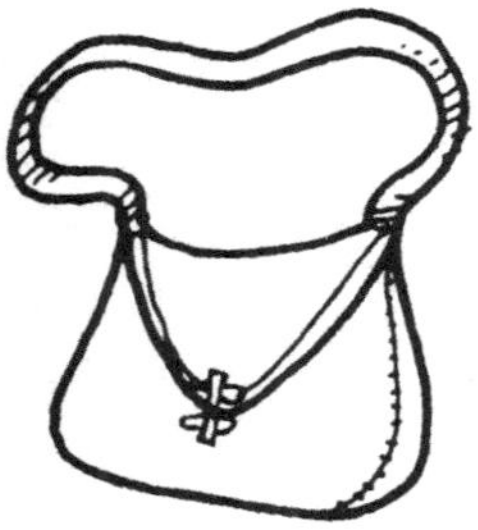<br>cartera | <br>estrella | <br>sol |
| <br>bandera | <br>regadera | <br>gato | <br>árbol |
| <br>rama | <br>flor | <br>cama | <br>peinilla |

Ejercicio de Evaluación
Busca el dibujo cuyo nombre corresponde con el primero a la izquierda.
DESTREZA: RIMA

| | | | |
|---|---|---|---|
|  sombrero |  china |  babero |  sol |
|  barquilla |  peinilla |  corazón |  bola |
|  tenedor |  manzana |  flor |  peinilla |
|  rama |  flor |  cama |  bandera |

Ejercicio de Evaluación.
Asocia los dibujos cuyos nombres rimen.

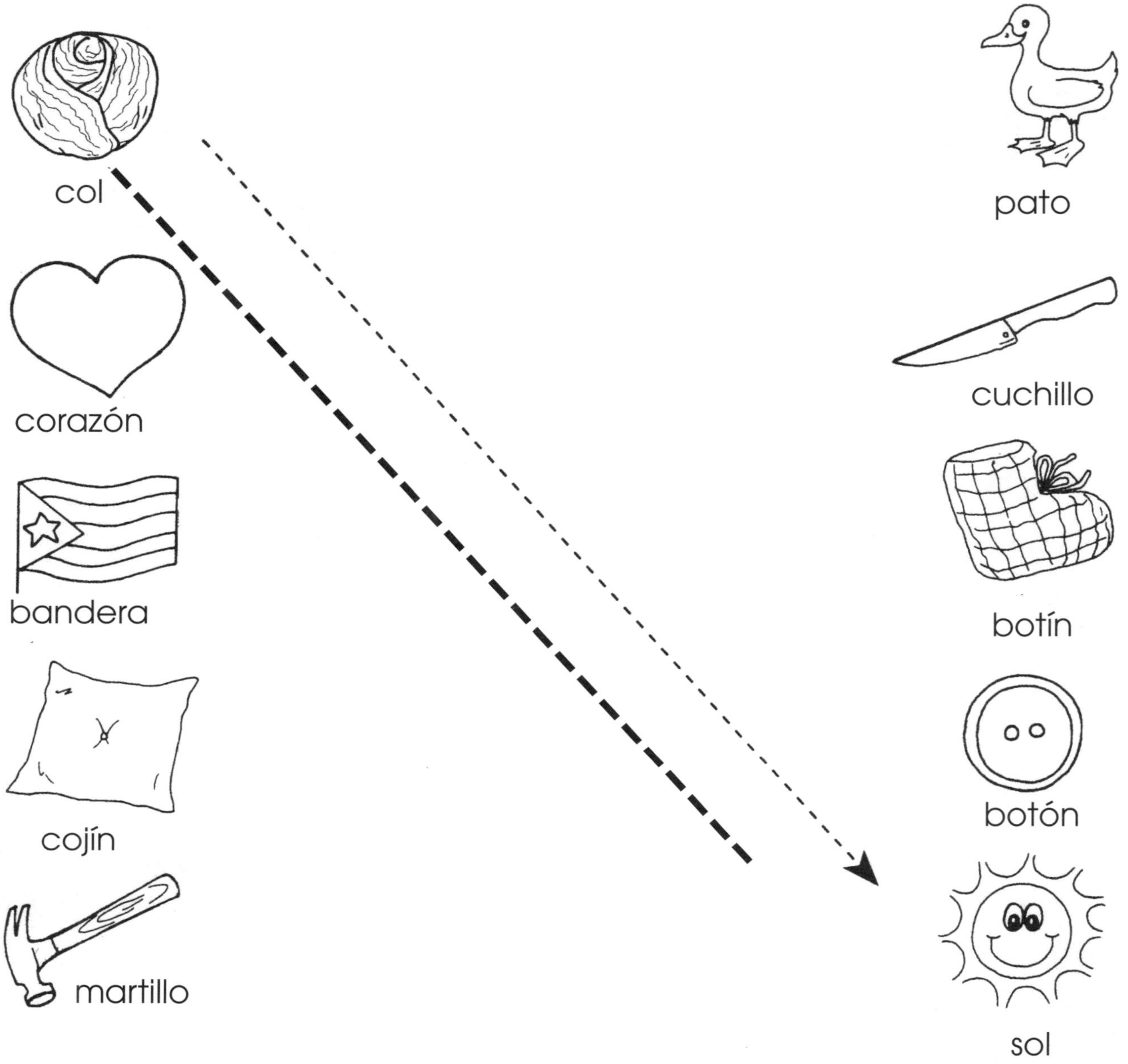


Dibuja un objeto cuyo nombre rime con el del objeto de abajo.

Repite los nombres de los dibujos en la página. Escucha bien el nombre de la primera letra. Enciérralo con lápiz o crayola. Colorea
DESTREZA: RECONOCIMIENTO DE VOCALES

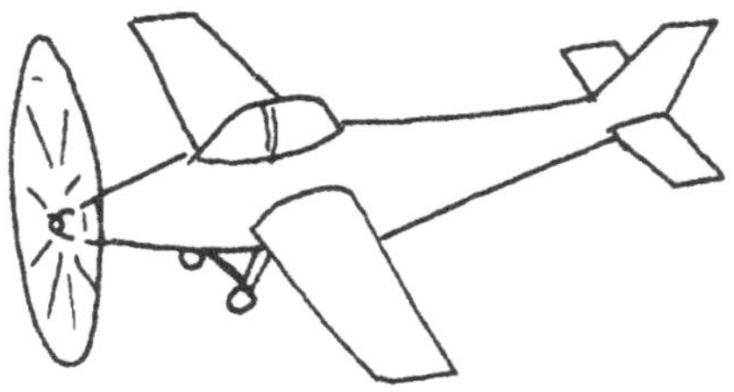

avión

Adela

# A a

anillo

abanico

almohada

Practica la escritura de la letra **A - a.**

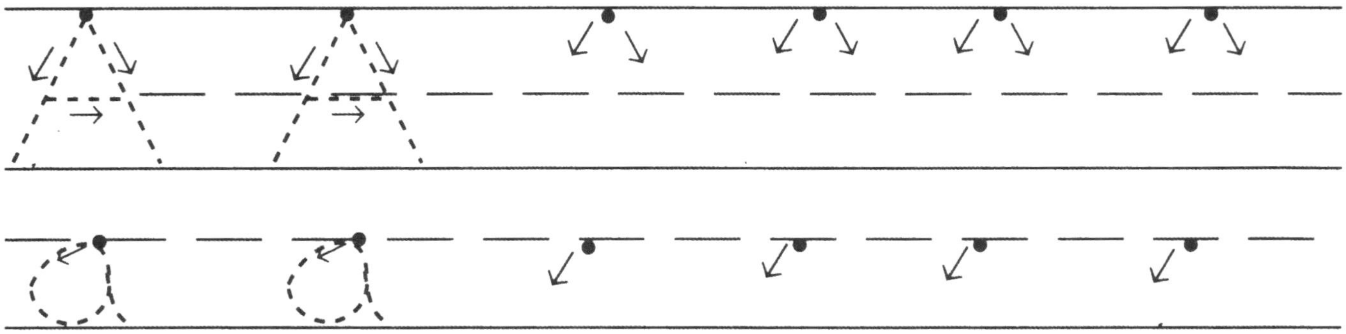

Colorea los dibujos que empiezan igual a la letra que está en la parte de arriba de la página. Enciérrala y repítela en voz alta.

# A a

estrella

uvas

aves

antorcha

alas

ancla

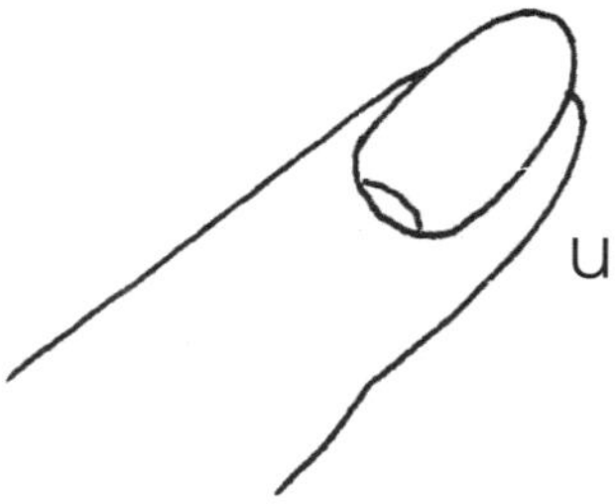

uña

Practica la escritura de la letra **A - a.**

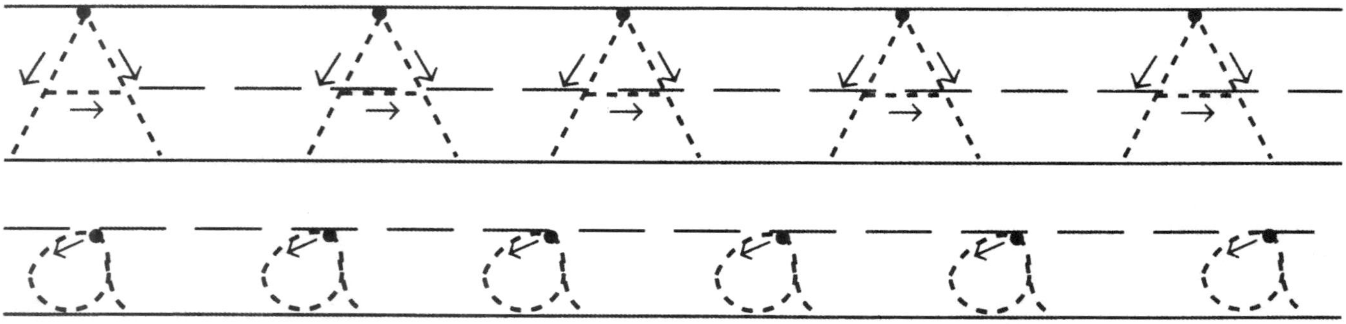

Repite los nombres de los dibujos en la página. Escucha bien el nombre de la primera letra. Enciérralo con lápiz o crayola. Colorea
DESTREZA: RECONOCIMIENTO DE VOCALES

estrella

espejuelos

# E e

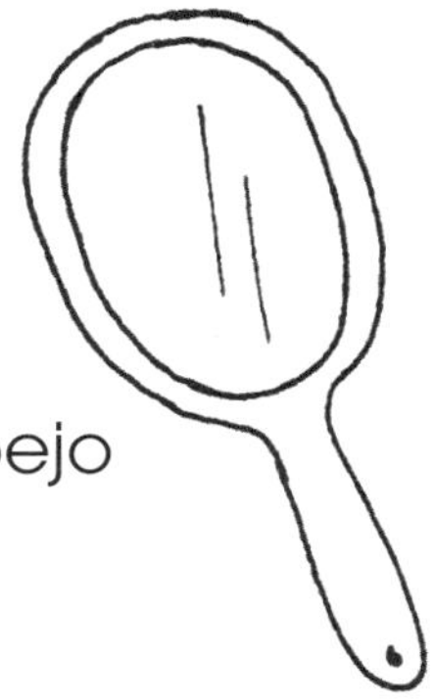

espejo

Emilio

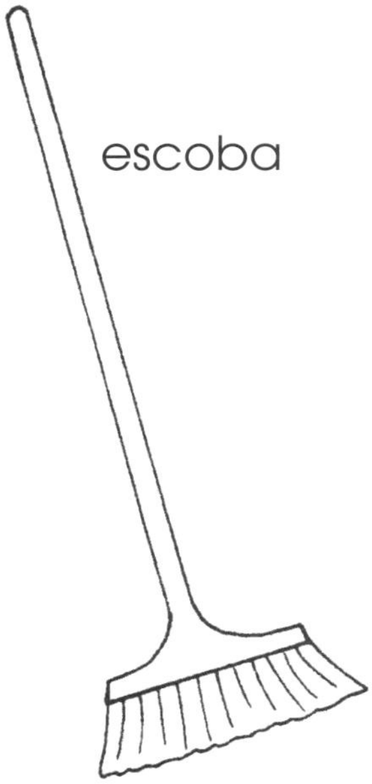

escoba

Practica la escritura de la letra **E - e.**

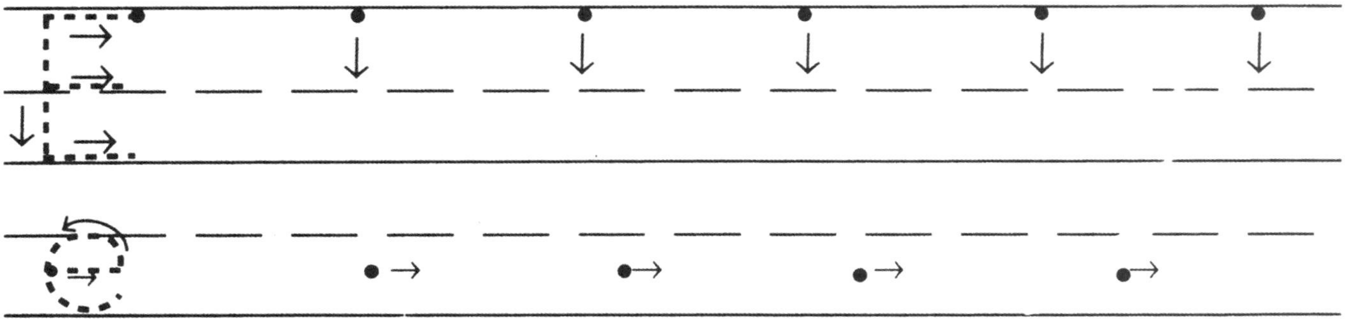

Colorea los dibujos que empiezan igual a la letra que está en la parte de arriba de la página. Enciérrala y repítela en voz alta.

# E e

estrella

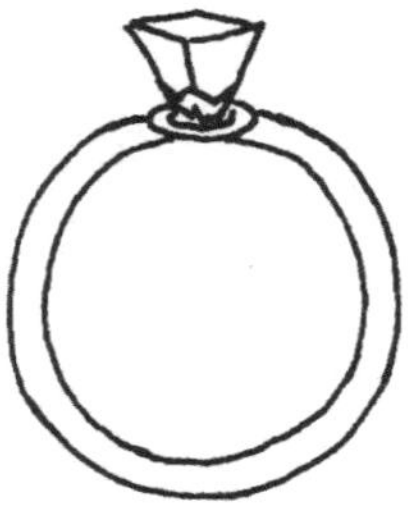

anillo

Elisa

unicornio

oso

edificios

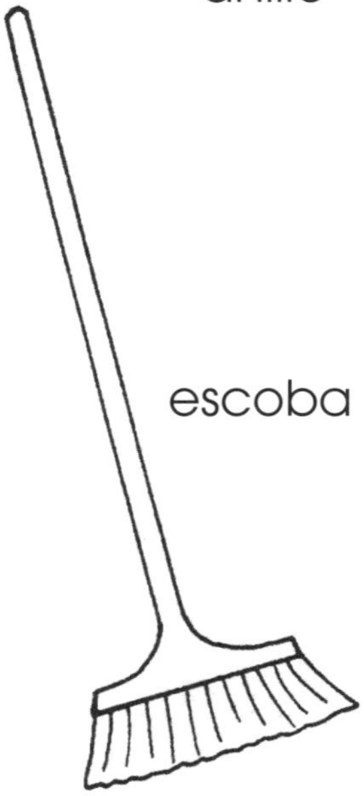

escoba

escalera

Practica la escritura de la letra **E - e.**

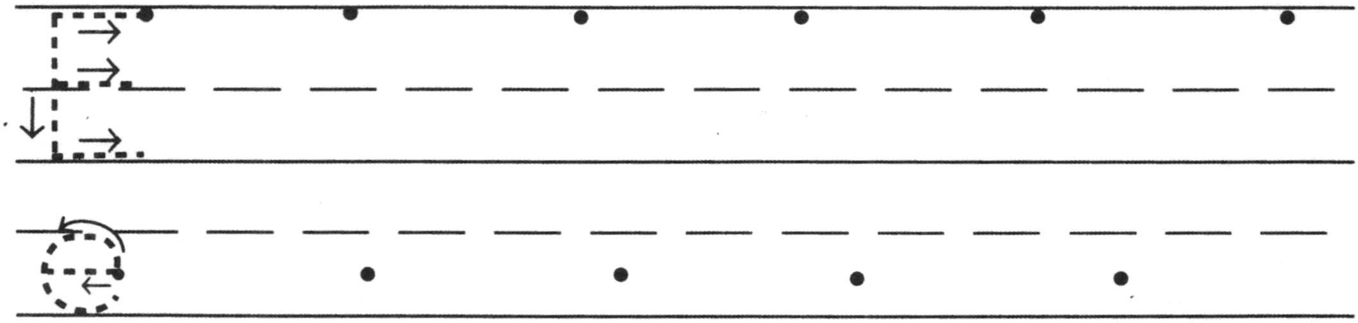

Marca con una X la letra con la que empieza el nombre del dibujo en cada cuadro.
Repítela en voz alta. Colorea.

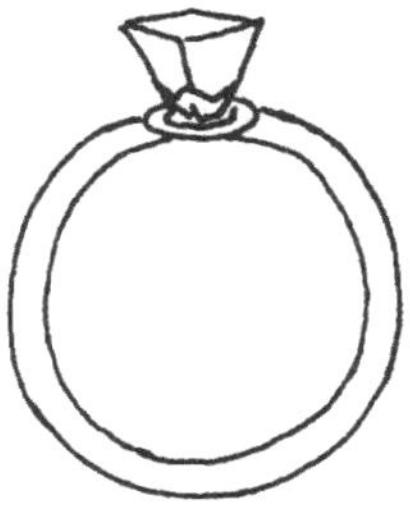

anillo

a e

________ ________

Emilio

A E

________ ________

Adela

A E

________ ________

espejuelos

a e

________ ________

Repite los nombres de los dibujos en la página. Escucha bien el nombre de la primera letra. Enciérralo con lápiz o crayola. Colorea

DESTREZA: RECONOCIMIENTO DE VOCALES

imán

Isabel

# I i

iglesia

iglú

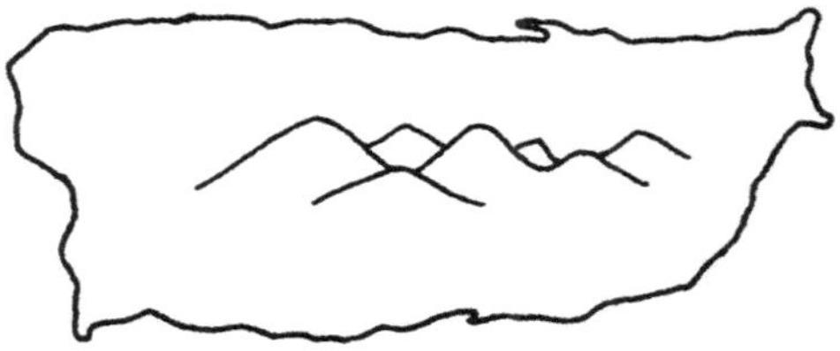

isla

Practica la escritura de la letra **I - i.**

Colorea los dibujos que empiezan igual a la letra que está en la parte de arriba de la página. Enciérrala y repítela en voz alta.

# I i

Iván

abeja

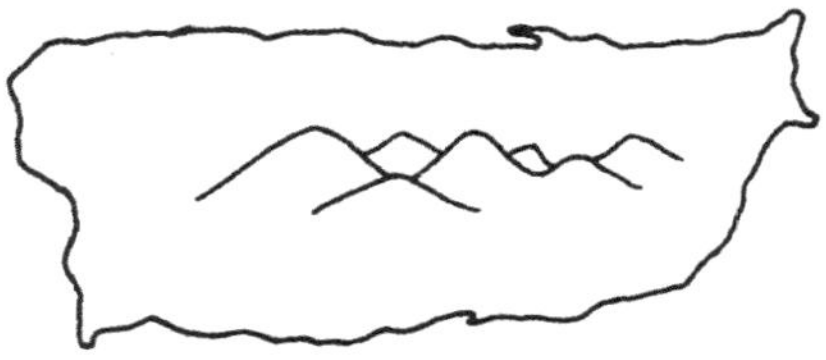

isla

indio

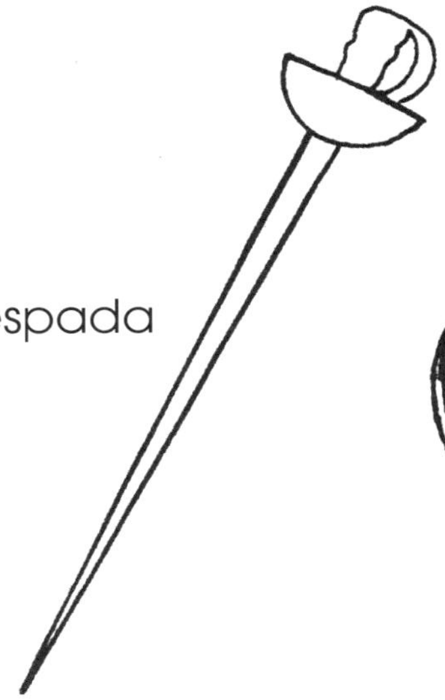

espada

imán

Iris

Practica la escritura de la letra **I - i.**

Marca con una X la letra con la que empieza el nombre del dibujo en cada cuadro.
Repítela en voz alta. Colorea.

imán

a e i

_____ _____ _____

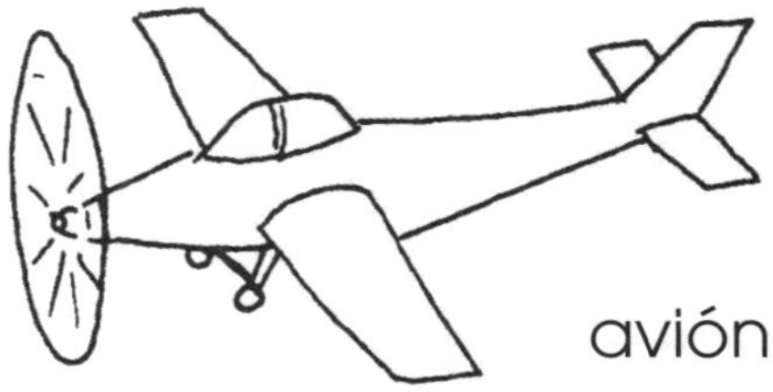

avión

a e i

_____ _____ _____

estrellas

a e i

_____ _____ _____

Isabel

A E I

_____ _____ _____

Repite los nombres de los dibujos en la página. Escucha bien el nombre de la primera letra. Enciérralo con lápiz o crayola. Colorea
DESTREZA: RECONOCIMIENTO DE VOCALES

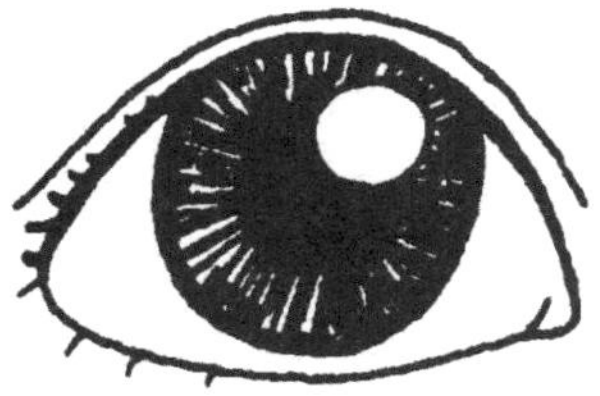

ojo

8

ocho

# O o

oso

olla

Orlando

Practica la escritura de la letra **O - o.**

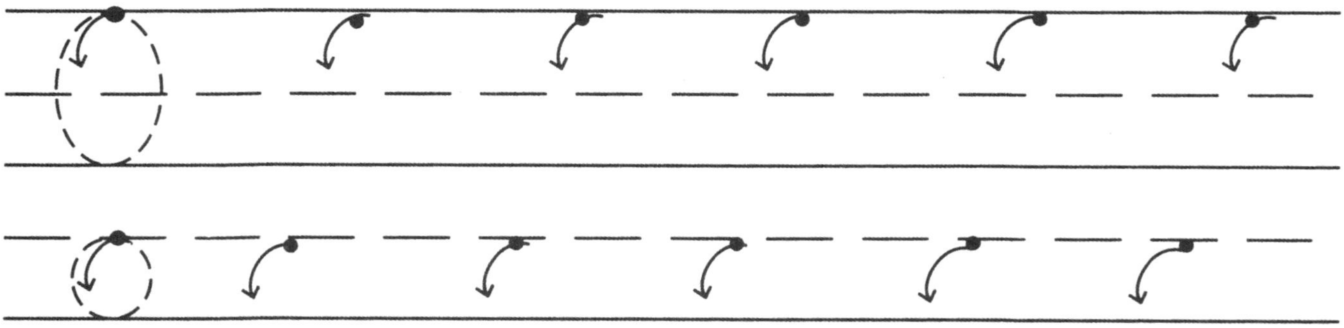

Colorea los dibujos que empiezan igual a la letra que está en la parte de arriba de la página. Enciérrala y repítela en voz alta.

# O o

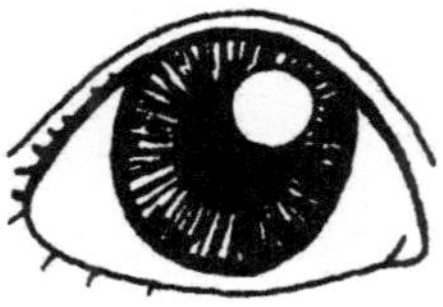

ojo

almohada

Orlando

Olga

8

ocho

uvas

elefante

olla

Practica la escritura de la letra **O - o.**

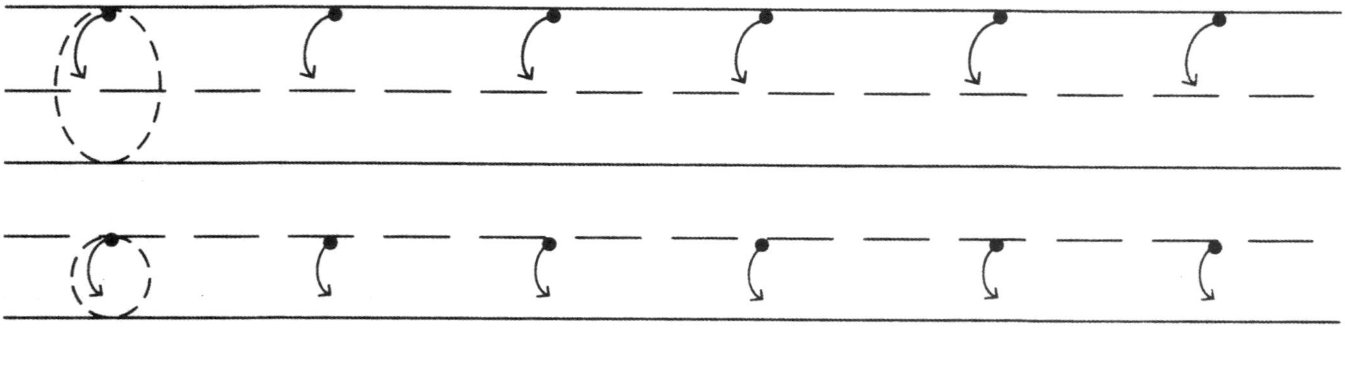

Marca con una X la letra con la que empieza el nombre del dibujo en cada cuadro.
Repítela en voz alta. Colorea.

Andrés

A E I O

oso

a e i o

escalera

a e i o

Repite los nombres de los dibujos en la página. Escucha bien el nombre de la primera letra. Enciérralo con lápiz o crayola. Colorea
DESTREZA: RECONOCIMIENTO DE VOCALES

Ulises

ungüento

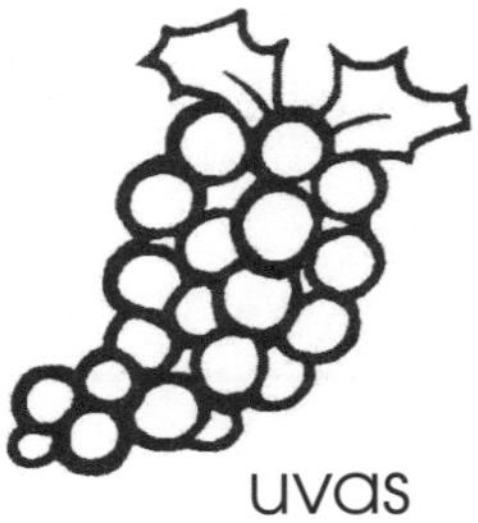

uvas

# U u

uniforme

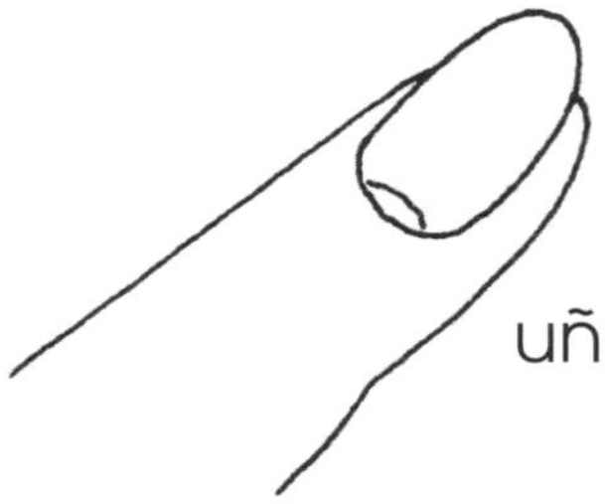

uña

unicornio

Practica la escritura de la letra **U - u.**

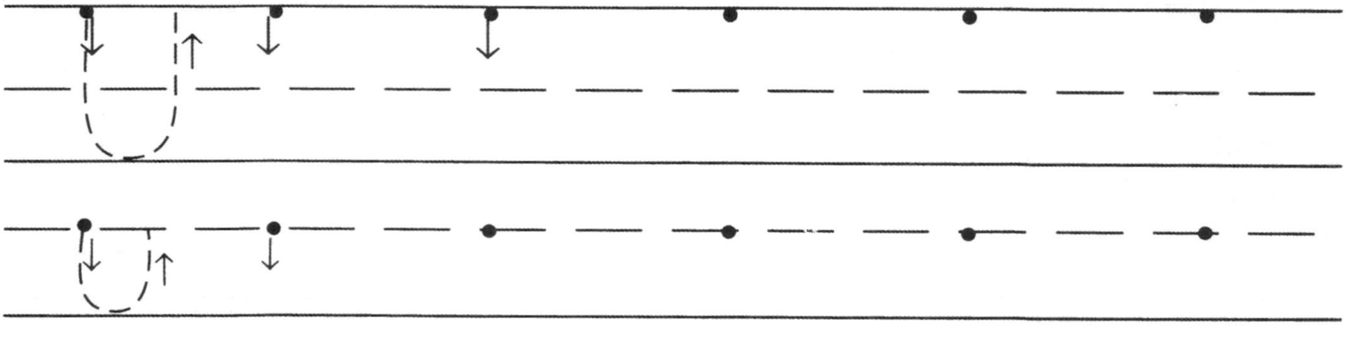

Colorea los dibujos que empiezan igual a la letra que está en la parte de arriba de la página. Enciérrala y repítela en voz alta.

# U u

1 uno

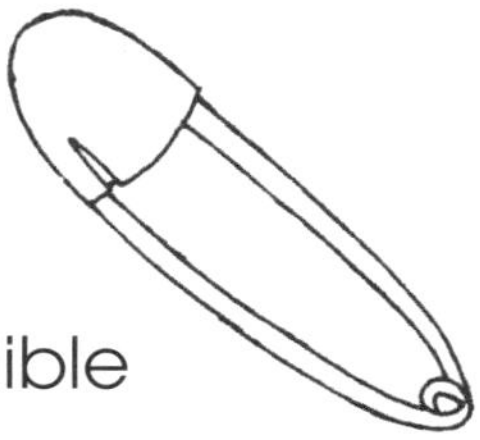

imperdible

unicornio

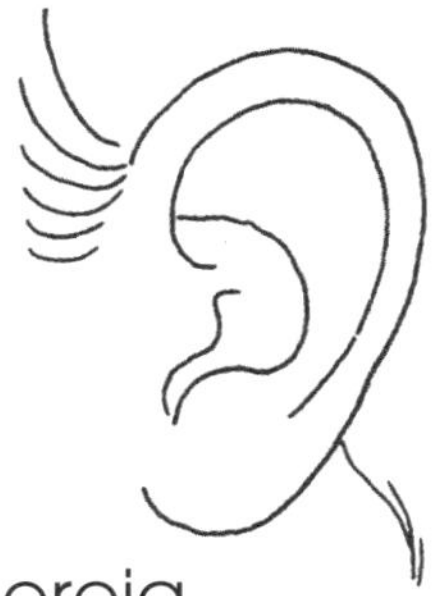

oreja

uvas

espejuelos

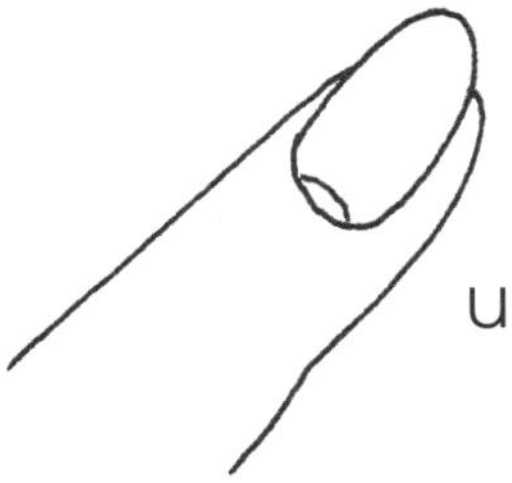

uña

abanico

Ulises

Practica la escritura de la letra **U - u.**

Marca con una X la letra con la que empieza el nombre del dibujo en cada cuadro.
Repítela en voz alta. Colorea.

iglesia

a e i o u

_____ _____ _____ _____ _____

Adela

A E I O U

_____ _____ _____ _____ _____

unicornio

a e i o u

_____ _____ _____ _____ _____

Asocia el dibujo con la letra con la cual comienza su nombre.

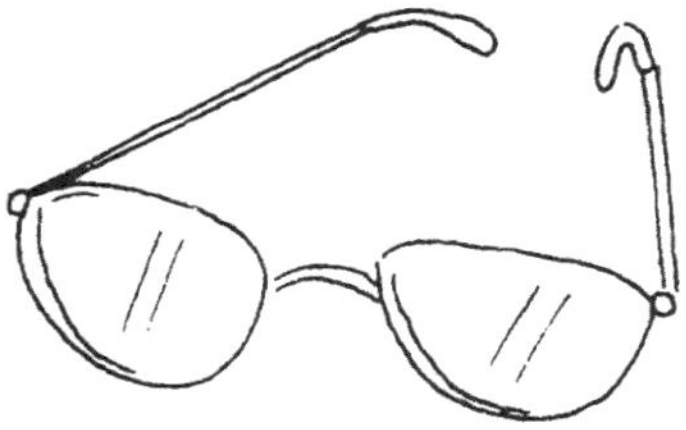

espejuelos

A a

unicornio

E e

Adela

I i

Ismael

O o

olla

U u

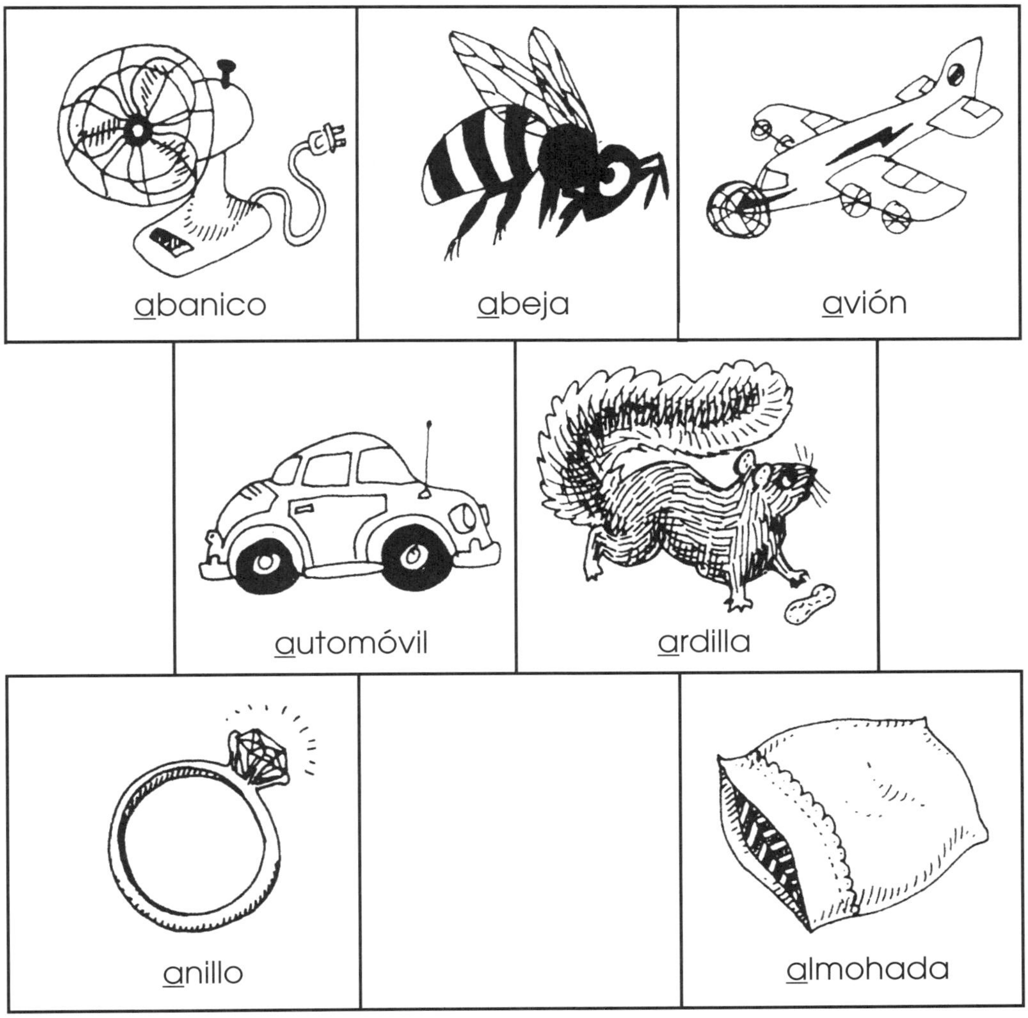


Colorea los dibujos. Recorta los cuadros que ves y pégalos en los espacios en blanco del árbol de la página siguiente. Repite los nombres de cada dibujo.
¿Con qué letra empiezan los nombres de cada cuadro?
DESTREZA: RECONOCIMIENTO DE VOCALES

A a

escalera

espejuelos

estrella

esquimal

estufa

espejo

edificio

Colorea los dibujos. Recorta los cuadros y pégalos en los espacios en blanco del elefante dibujado en la página siguiente. Repite los nombres de cada dibujo. ¿Con qué letra empiezan los nombres de cada dibujo?

DESTREZA: RECONOCIMIENTO DE VOCALES

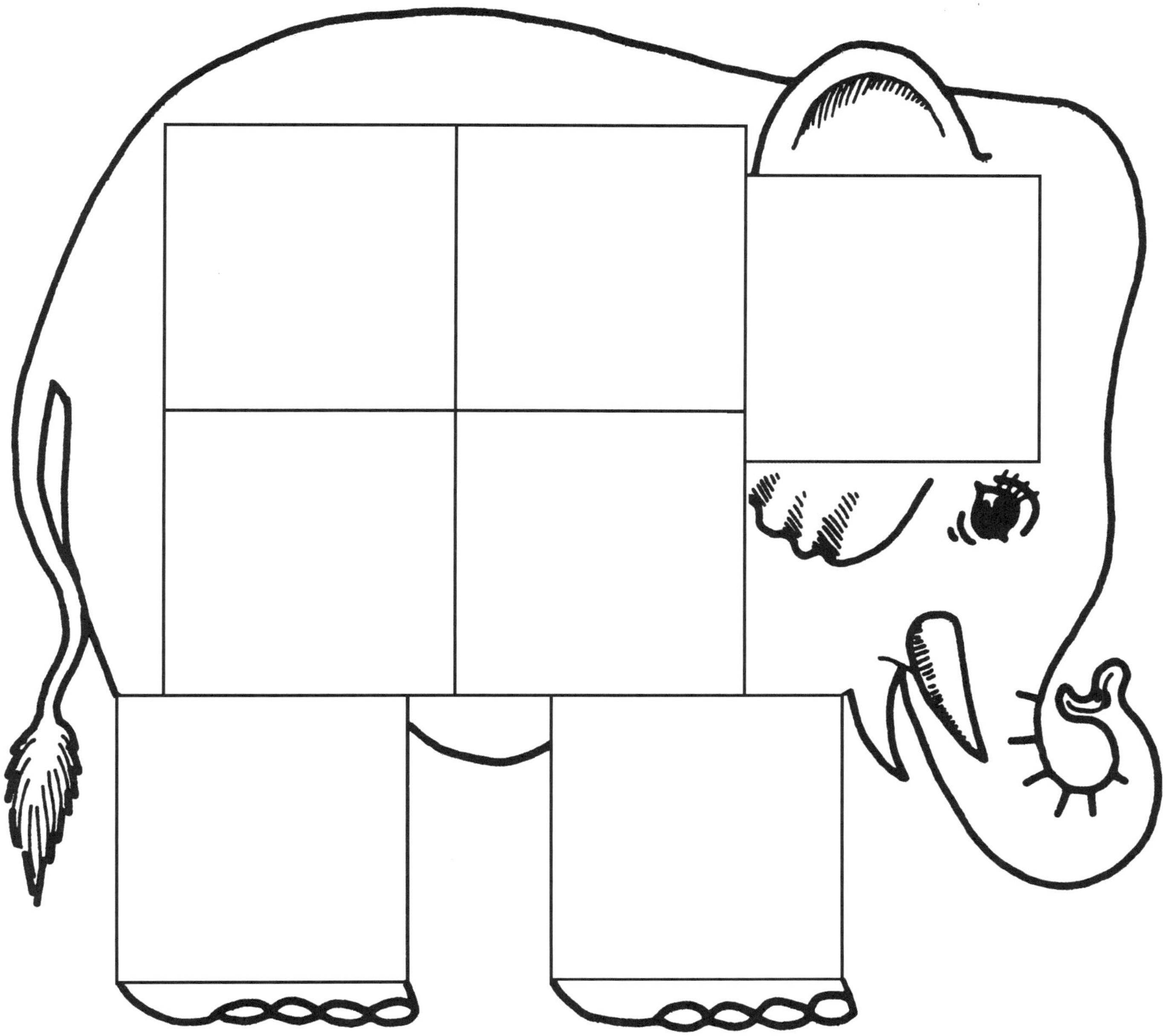

E

e

Nombre:

Colorea los dibujos. Recorta los cuadros y pégalos en los espacios en blanco de la isla de Puerto Rico dibujada en la página siguiente. Repite los nombres de cada dibujo. ¿Con qué letra empiezan los nombres de cada dibujo?

DESTREZA: RECONOCIMIENTO DE VOCALES

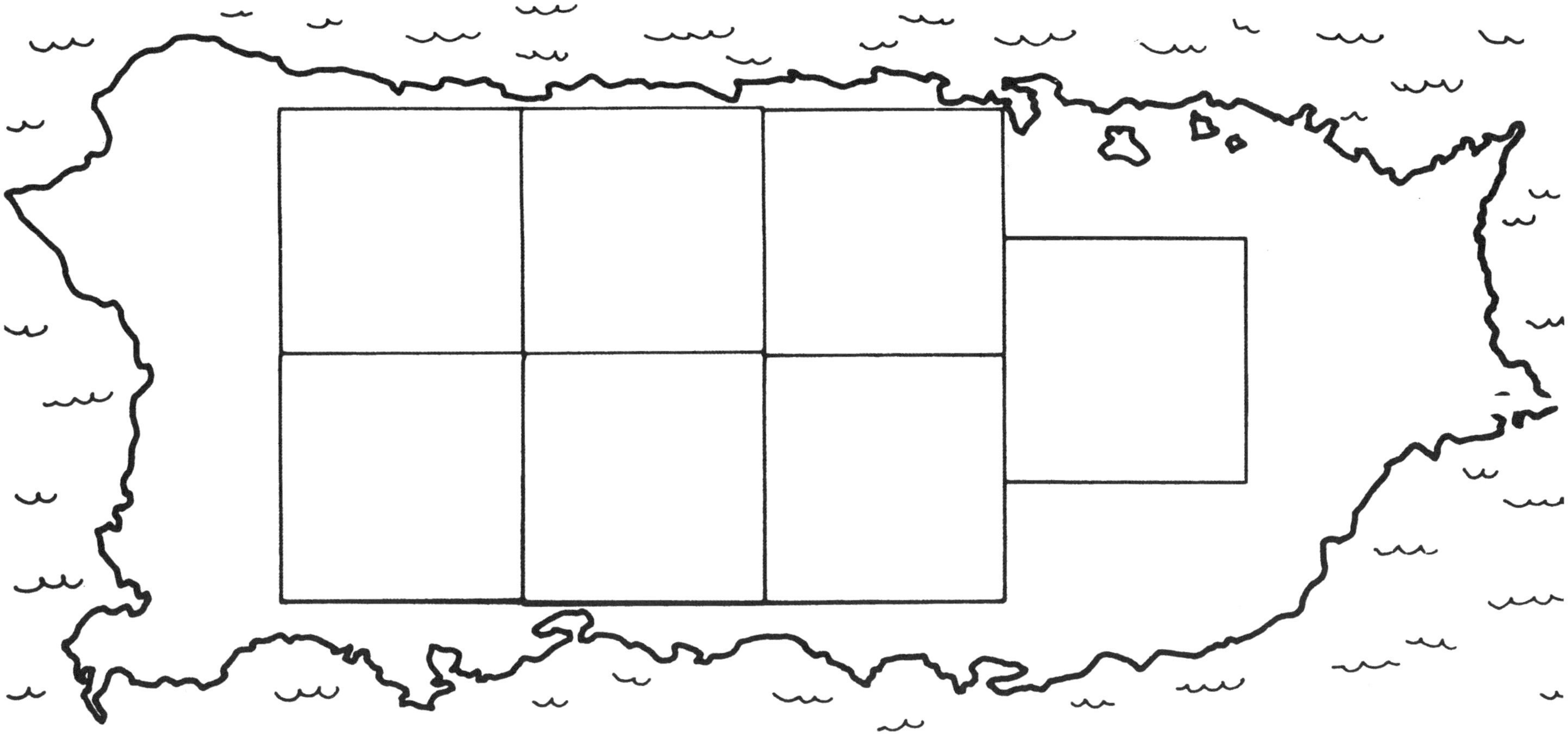

I

i

Nombre:

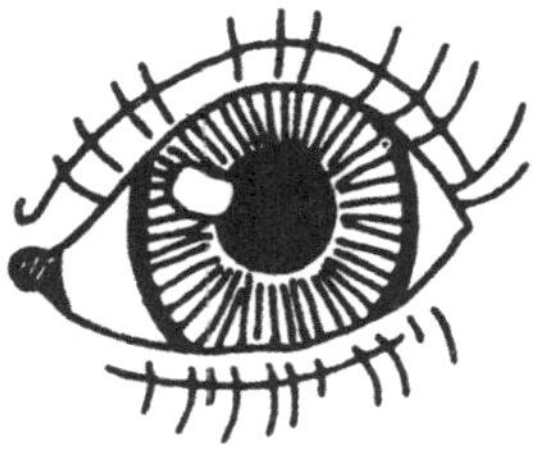

ojo

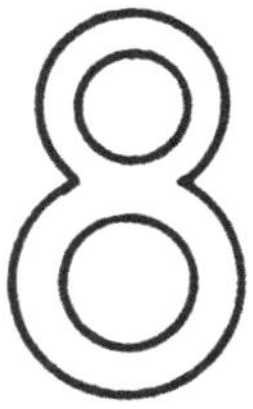

ocho

olla

oreja

oveja

once

Orlando

Colorea los dibujos. Recorta los cuadros y pégalos en los espacios en blanco del oso dibujado en la página siguiente. Repite los nombres de cada dibujo. ¿Con qué letra empiezan los nombres de cada dibujo?

DESTREZA: RECONOCIMIENTO DE VOCALES

Nombre:

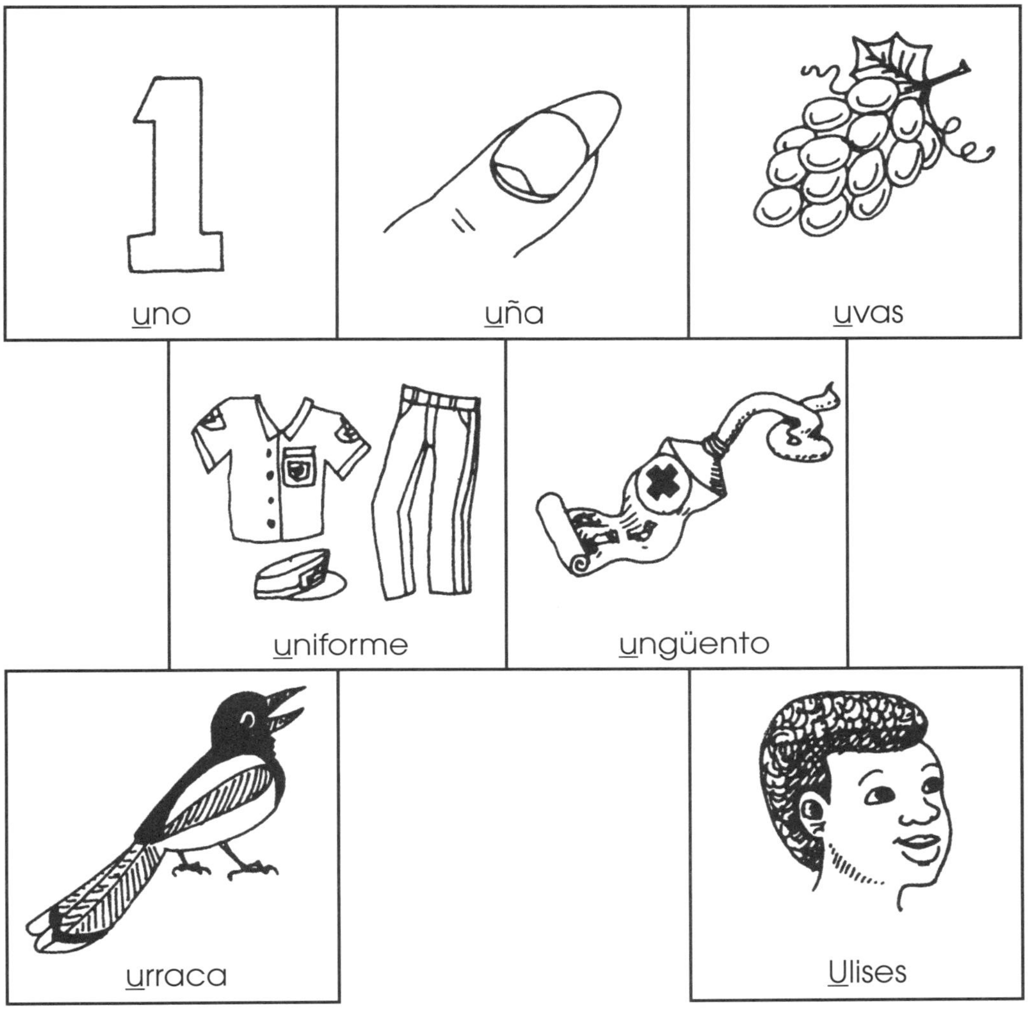


Colorea los dibujos. Recorta los cuadros y pégalos en los espacios en blanco en el dibujo de la página siguiente. Repite los nombres de cada dibujo.
¿Con qué letra empiezan los nombres de cada dibujo?
DESTREZA: RECONOCIMIENTO DE VOCALES

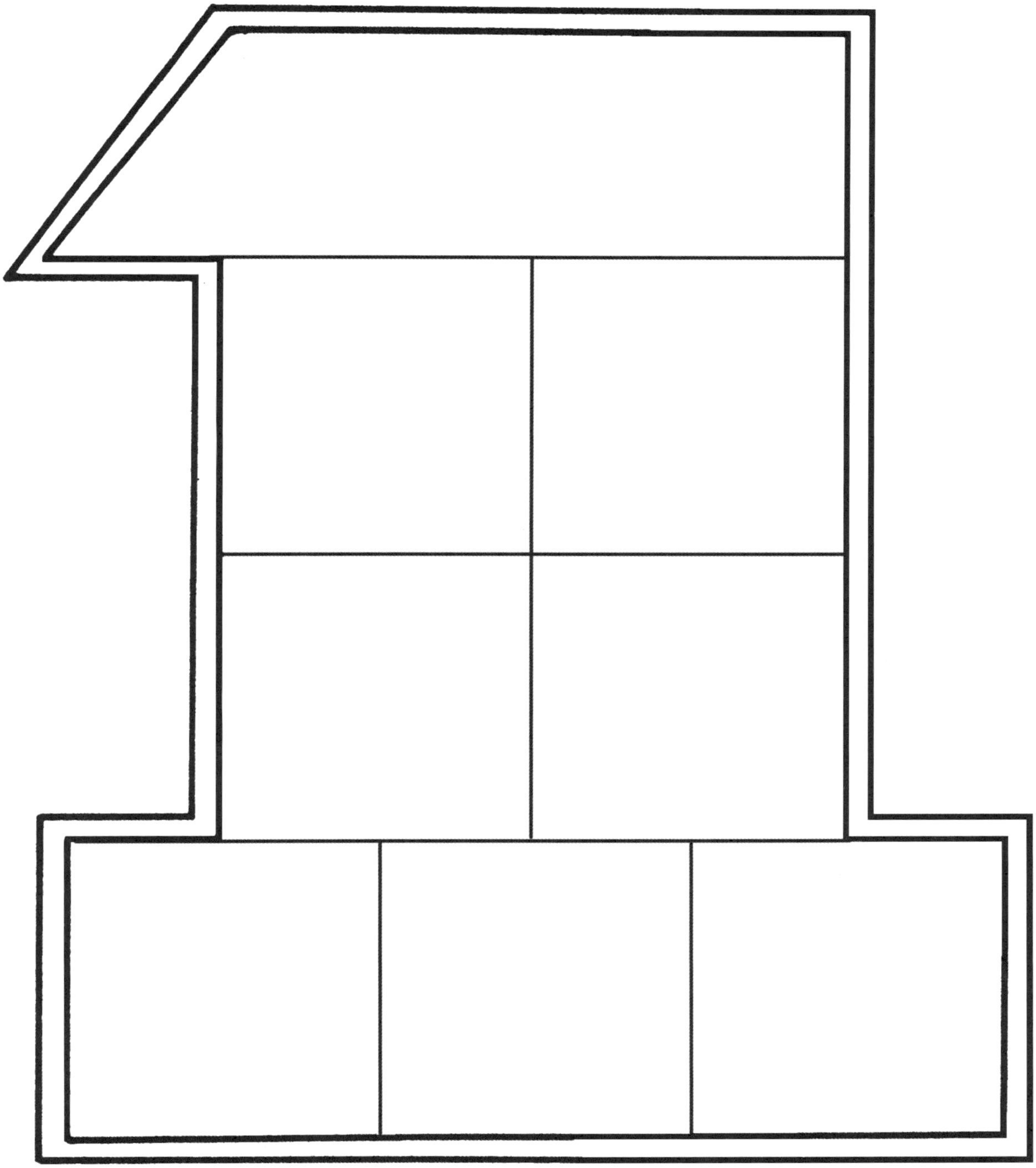

U

u

Nombre:

Asocia las vocales con la vocal que epieza el nombre de cada dibujo.

Aa

Ee

Ii

Oo

Uu

iglú

1

uno

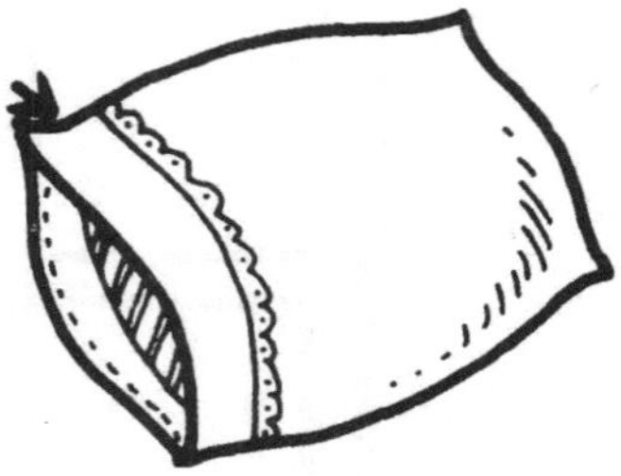

almohada

escoba

8

ocho

estrella

árbol

iglú

uvas

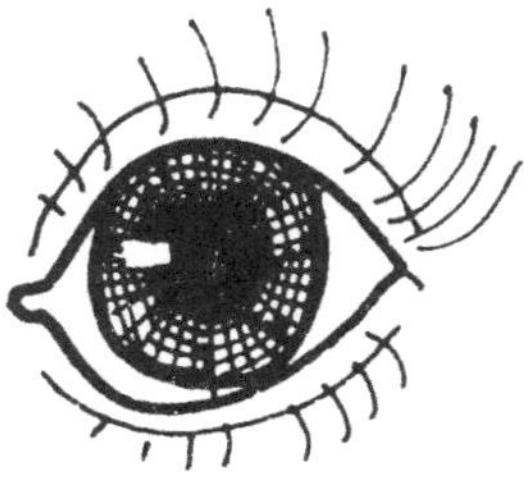

ojo

| | |
|---|---|
| A | e |
| E | o |
| I | u |
| O | a |
| U | i |

## Actividades sugeridas al enseñar las destrezas:

Es bueno y conveniente recordar que los ejercicios del libro vienen a ser la última etapa o aplicación (comprobación de lo aprendido) en lo que es la metodología de la enseñanza bien aplicada. Nunca se debe usar el ejercicio del libro como única forma para presentar la actividad del día. Antes, la maestra o tutor debe pasar por las diferentes fases, a saber:

a) **concreta -** presentar objetos, cosas iguales o parecidas a las que aparecerán en la página de ejercicios en su forma real. Ej. si en la página a trabajar ese día aparecen botones, chapas, paletas, etc. llevar estos objetos en su forma real. Hablar sobre los objetos presentándolos uno a uno. Aclarar el significado, uso, forma, color, tamaño de cada cosa. Hacer un juego parecido al ejercicio que aparece en el libro. Jugarlo sobre una mesa varias veces y fijarse que los estudiantes van comprendiendo la idea del juego. Repetir las instrucciones y los nombres de los objetos cada vez que viene un nuevo jugador. Siempre se debe comenzar a repetir o nombrar los objetos de izquierda a derecha para ir acostumbrando el ojo al movimiento que utilizará más tarde en la lectura. Luego pasamos a la próxima etapa:

b) **semi-concreta -** en esta etapa se pueden utilizar siluetas, láminas o carteles. Estos deben estar relacionados o presentados de una forma igual o parecida al ejercicio que ya el estudiante hizo en la fase concreta y que luego hará en la página del libro. Realizar el ejercicio varias veces repitiendo los nombres de las cosas que aparecen en siluetas o láminas siempre de izquierda a derecha. La maestra debe estar alerta y verificar si la mayoría de los estudiantes han captado la idea del ejercicio. Ayudar al estudiante que no haya comprendido hasta que no tenga dudas. Luego que todos los estudiantes hayan captado la idea, se pasa a la tercera etapa:

c) **abstracta -** Utilizando una página igual a la del ejercicio que se va a realizar en el libro, la maestra lo presenta y con la ayuda de los estudiantes nombra las láminas o dibujos que aparecen en la misma, aclarando significados, usos, formas, tamaños, etc. de cada cosa. Pegar la página del ejercicio en la pizarra o felpógrafo. Realizar el ejercicio con la ayuda de los estudiantes. Aclarar cualquier duda que pueda surgir. Explicar que cada uno va a realizar un ejercicio igual al que han hecho entre todos. Esta vez cada uno lo hará individualmente en su cuaderno. Los estudiantes realizan el ejercicio. Cada uno debe trabajar solo. La maestra irá alrededor de las mesas observando que se esté llevando acabo el ejercicio como es debido. Dará ayuda individual de ser necesario. Luego de completado el ejercicio se le da oportunidad al estudiante para que coloree las ilustraciones. Esto lo ayuda a continuar desarrollando los músculos de las manos. La maestra aprovechará este tiempo para pasar por cada mesa y corregir los trabajos.

1. Destreza: **Color** (páginas 1-10)

   a) **Fase concreta-** Las ilustraciones presentadas en esta destreza se pueden conseguir todas en su forma real excepto el sol, el cielo (se observan) y la foca. Conseguir láminas o planificar un viaje al zoológico para observarla. Conversar sobre las diferentes cosas traídas al salón aclarando significados, usos, color, formas, tamaños, etc. Cantar y recitar poesías relacionadas con el tema del día.

   b) **Fase semi-concreta-** Todas las ilustraciones de esta destreza se pueden conseguir o preparar en siluetas o láminas. Seguir las actividades sugeridas para enseñar los colores presentadas en la página del libro.

   c) **Aplicación-** realizar el trabajo en cada página luego de haber completado las fases a y b.

**Evaluación -** Utilizando las ilustraciones de la página 10 la maestra llamará a cada estudiante individualmente y le pedirá que coloree cada dibujo de acuerdo al color que le corresponde. Ej. Colorea la hoja de verde. Así sucesivamente hasta que haya completado los nueve colores.

2. Destreza: **Detalles** (páginas 11-27)

a) **Fase concreta -** Con juguetes en miniatura se pueden preparar escenas similar o parecidas a las que aparecen en las láminas. Se observan todos los objetos y se nombran correctamente. Aclara su uso, significado, forma, color. Se puede crear alguna historia relacionada con los objetos. Repetir varias veces los nombres de las cosas que aparecen en la escena. La maestra le pide a los niños que cierren los ojos. Quita uno de los objetos de la escena creada. Los niños observan para ver qué falta. Se repite el juego varias veces quitando diferentes objetos. Antes de jugar se mencionan los nombres de todos los objetos varias veces.

b) **Fase semi-concreta -** Preparar cartel con láminas parecidas a la escena del libro. Con siluetas se puede preparar un buen cartel en el felpógrafo. Seguir el mismo procedimiento que se realizó con la fase concreta.

C) **Fase abstracta -** Utilizando las páginas del libro primero la maestra presenta la página con todos los detalles. Hablar y aclarar dudas sobre el mismo. Quitar la página con todos los detalles. Presentar la página donde faltan detalles. Invitar a los niños a que digan qué cosas faltan. Hacer una X en el lugar donde falta algún detalle. Aclarar dudas. Cada niño realizará los ejercicios que aparecen en su libro. La maestra supervisa y aclara dudas. Los niños colorean el trabajo luego de corregido por la maestra.

3. Destreza: **Detalles de forma** (páginas 28-31)

a) **Fase Concreta -**Conseguir juguetes o cosas reales. Identificarlas y describirlas de acuerdo a su color, forma, tamaño, uso, etc. Debe haber por lo menos 4 objetos de los mismos. Ej. 4 sombrillitas, 4 zapatitos, etc. Colocar los objetos iguales en una fila de izquierda a derecha sobre una mesa. La maestra va señalando de izquierda a derecha e invita a los niños a observar lo señalado. Los niños cierran los ojos. La maestra le quita algo a uno de los cuatro objetos. Cuando los niños abren los ojos tratan de adivinar qué falta. Jugar varias veces con diferentes objetos.

b) **Fase semi-concreta -** Utilizando siluetas o láminas en 4 grupos iguales preparar un juego parecido a los que aparecen en las páginas del libro. Enfatizar el movimiento de izquierda a derecha. Los niños cierran los ojos, la maestra quita algo a una silueta. Los niños dirán qué falta. Repetir el juego varias veces. Aclarar dudas.

C) **Fase abstracta -** Presentar una página igual a la que se trabajará en el libro. Observar la fila superior de izquierda a derecha. Ver dónde falta algo. Hacer una X. Seguir trabajando los demás grupos con igual procedimiento. Finalizado el trabajo la maestra corrige. El estudiante colorea.

**Evaluación** (pagina 31)

La maestra llama a cada niño individualmente. Le presenta la hoja de trabajo y da las instrucciones. Se siguen los procedimientos seguidos en evaluaciones anteriores.

4. Destreza: **Tamaño** (página 33-37)

El procedimiento es el mismo a seguir que el anterior en cuanto a las fases se refiere: concreta, semi-concreta y abstracta.

El juego es diferente pues va a haber tres objetos iguales en tamaño y uno diferente. El de diferente tamaño va a ser el que el niño deba marcar; puede ser el más grande o el más pequeño.

5. Destreza: **Posición** (páginas 39-43)
Procedimiento igual a anteriores destrezas. El juego de esta destreza consiste en ver y marcar el dibujo o figura que está en diferente posición.

6. Destreza: **Dirección** (páginas 45 - 52)
Procedimiento igual a anteriores destrezas. El juego o actividad de esta destreza consiste en observar y marcar el objeto o dibujo que está en diferente dirección.

7. Destreza: **Asociación** (páginas 53-59)
**Fase concreta:** Conseguir varios grupos de cosas que se puedan asociar. Ej. libro - lápiz, platillo -taza. Colocar el libro, el platillo al lado izquierdo sobre la mesa. Al lado derecho colocar respectivas parejas de cada uno pero en desorden. La posición en que se coloquen los objetos puede ser vertical u horizontal. En el libro el ejercicio aparece en posición vertical. Observar objetos. Conversar sobre éstos aclarando dudas acerca de su significado, uso, color, forma, tamaño, etc. Conseguir un pedazo de cinta o cordón. Colocar la cinta al lado del libro (izquierdo). Invitar a un niño que venga a colocar la cinta en el extremo donde está el compañero o pareja que le corresponde al libro. Se estira la cinta hasta que llegue a donde está el lápiz. Utilizar el mismo procedimiento con los demás objetos. Usar otros grupos de objetos y repetir la actividad. Recordar que siempre se comienza este ejercicio de izquierda a derecha.
**Fase semi-concreta -** Esta fase se puede realizar en la pizarra o felpógrafo utilizando láminas y siluetas. En la pizarra se puede trazar la línea con una tiza. El procedimiento es igual al de la fase concreta en cuanto a la forma de realizar el juego. Recordar que siempre se comienza a trazar o marcar de izquierda a derecha.

**Evaluación:** Se puede utilizar cualquiera de las páginas para evaluación, o si la maestra lo prefiere puede preparar una por su cuenta. El procedimiento es el mismo que se ha utilizado para destrezas anteriores.

8. Destreza: **Clasificación** (página 60-66)
En esta destreza no estamos haciendo otra cosa sino agrupando o señalando cosas por temas o características específicas que posean las mismas.
Por ejemplo en la página 60 el tema es los diferentes tipos de viviendas de otros países. La maestra debe conseguir láminas y objetos parecidos a los que aparecen en la página para poder llevar a cabo las fases concretas y semi-concretas. El iglú es bastante difícil de conseguir. Tal vez podría prepararlo en plasticina o cerámica y tenerlo al alcance cuando le sea necesario. Recomiendo utilizar una página por día ya que siendo temas diferentes se le puede sacar bastante provecho a cada página.

9. Destreza: **Orden de sucesos** (páginas 67-81)
**Fase concreta -** Esta destreza ayuda a los niños al razonamiento luego de la observación. Por ejemplo, el ejercicio de la página 67 se debe realizar en el salón con la ayuda de los niños. Se prepara el terreno y se colocan las semillas. Todos los días se observa el semillero hasta ver que las semillas germinen. Observar el desarrollo de la plantita y hacer comentarios.
**Fase semi-concreta -** Preparar o conseguir grupo de láminas que representen el proceso de germinación. Deben estar separadas en 4 cuadros. Recordar el proceso de germinación visto

por los niños. Ir enfatizando qué fue lo primero que hicimos, luego qué pasó, lo segundo, lo tercero, lo cuarto, para así ir acostumbrando a los niños a recordar un orden de lo sucedido. Presentar los cuadros con el proceso de germinación en desorden. Los niños los ordenarán de acuerdo al orden lógico del mismo. Realizar la actividad varias veces. Este ejercicio se presta para introducir los números ordinales primero, segundo, tercero y cuarto.
**Fase abstracta -** Los niños recortarán los cuadros que aparecen en la página 67 y los pegarán en la página 69 de acuerdo al orden correcto. De esta misma manera las demás actividades deben ser realizadas luego de la observación o experimentación directa.

10. Destreza: **Patrones** (páginas 82 - 86)
Antes de realizar esta destreza los niños pueden jugar ensartando cuentas en un cordón formando un patrón especifico dado por la maestra. Ej.: dos cuentas rojas, una azul, dos rojas, una azul. La maestra dirá: Esto que estamos haciendo se llama patrón. Repetir el patrón. También pueden usarse objetos sobre una mesa. Ej.: dos crayolas, un lápiz, dos crayolas. La maestra pregunta: ¿Qué continuará este patrón? ¿Dos crayolas? ¿Un lápiz? (La respuesta debe ser un lápiz). Repetir este tipo de ejercicio y otros parecidos varias veces concretamente y semi concretamente (felpógrafo). Realizar ejercicios parecidos a los que aparecen en el libro en la pizarra y/o felpógrafo. Realizar páginas de ejercicio en el libro.

11. Destreza: **Orden** (páginas 87 - 93)
Al llegar a esta destreza ya el niño está bastante maduro en cuanto al movimiento de izquierda a derecha de sus ojos que ha ido desarrollando a través de las destrezas anteriores.
**Fase concreta -** Conseguir 4 grupos iguales cada uno con 3 objetos diferentes. El lápiz, botón, flor. Dividir la mesa o superficie donde se esté demostrando, en cuatro partes. Al espacio a la izquierda le vamos a llamar el primero, al otro el segundo, el tercero y el cuarto. En el primer espacio se coloca: lápiz, botón y flor. Repetir en voz alta llamando la atención del orden en que se han colocado. ¿Cuál o qué está primero? ¿Qué está segundo?, etc. Repetir varias veces: lápiz, botón, flor. Colocar los otros grupos de objetos en los espacios segundo, tercero y cuarto. En uno de estos tres grupos se van a colocar los objetos en el mismo orden que en el primero.
Los otros grupos se colocan en orden diferente: (1) botón, flor, lápiz; (2) flor, lápiz, botón. Repetir el orden del primero. Invitar a los niños a buscar el grupo que está en el mismo orden que el primero. Jugar varias veces con diferentes grupos de objetos.
**Fase semi-concreta -** Se realiza más o menos la misma actividad o procedimiento, esta vez con siluetas o láminas en el feógrafo o pizarra.
**Fase abstracta -** Realizar la página del libro. Recomiendo una página por día ya que ésta es una destreza bastante difícil. El maestro notará que los niños más maduros son los primeros que la captan. Se debe tener mucha paciencia y repasar siempre que sea necesario.

12. Destreza: **Rima** (páginas 94- 140)
**Fase concreta -** La maestra invita a los niños a escuchar el verso que ella va a decir. Enfatizar el sonido de la rima final que se está estudiando cuando lo esté diciendo en voz alta. Preguntar a los niños: "¿Qué ustedes oyen? ¿Qué ustedes notan? Cuando las palabras suenan igual al final, decimos que riman". Repetir las palabras que riman en el verso exagerando el sonido para que los niños capten la idea. Buscar objetos de una caja o bolsa e ir diciendo sus nombres. Todos deben rimar entre sí. ¿Qué pasa con los nombres de estos objetos o cosas? Riman.
**Fase semi-concreta -** Realizar más o menos la misma actividad anterior, esta vez con siluetas o láminas que terminen con el sonido introducido. Destacar siempre el sonido final

al repetirlo. Colocar una lámina con el sonido bajo estudio en el medio. Colocar otras láminas alrededor de éste. Unos tendrán el mismo sonido final. Otros no. Trazar una línea desde la lámina del centro hasta la de afuera que rime con ésta. Realizar la actividad varias veces. Aclarar dudas.

**Fase abstracta -** Realizar los ejercicios del libro. Recomiendo una página por día. Por ejemplo, "Colorea los dibujos", un día. "Busca los dibujos cuyos nombres riman con el que está en el centro", otro día. Ya cuando los niños terminan la destreza de rima los maestros decimos que están aprestados para leer. Por eso recomiendo que hasta que el niño no domine por completo esta destreza no se intente llevarlo a ninguna actividad que tenga que ver con la lectura.

Ya el niño está preparado para comenzar a conocer las letras. Comenzamos con las vocales. Para presentar este ejercicio se realizarán las fases concreta, semi-concreta y abstracta de acuerdo al ejercicio presentado.

13. Destreza: **Vocales** (páginas 141-178)

Estos ejercicios de vocales ayudan al reconocimiento visual y auditivo de las mismas. Son ejercicios que gustan a los niños: recortar y pegar. A la misma vez va repitiendo los sonidos que poco a poco va internalizando y aprendiendo.

La maestra estará pendiente a la forma como el estudiante agarra la tijera y lo ayudará cuando sea necesario.

Los ejercicios en las páginas 176, 177, 178 los harán los estudiantes guiados por la maestra.